生活勵志
064

你的煩惱和痛苦，都是假的

暢銷心靈作家
何權峰
著

高寶書版集團

作者序

你的煩惱和痛苦，都是假的

他經過你的時候臉上沒有笑容，你開始猜想自己是否得罪了他；他沒回你電話，你懷疑他在生你的氣；一句無心的話，惹得你心煩意亂；不足掛齒的小事，氣得你七竅生煙；事情進展不順，你又開始怨這個不對，怪那個人不好，還懷疑有人從中搞鬼……

懷疑生出越多懷疑，生氣越想就越氣，這是頭腦的運作方式。只要我們心裡產生一個想法，我們很容易就相信它。因為相信，我們就認定它是事實。人們所有負面情緒，所有不快樂，都是這麼來的。

當心中浮現一個念頭時，我們往往認同、執著於這個念頭，亦步亦趨地跟著它，最後似乎以它為主宰，甚至沉溺其中，無法自拔。製造問題的是心，如果不從心來解決問題，問題就永遠沒完沒了。

一般人所說的心大概有幾種：以「腦中的思緒」為心，以「意念專注的焦點」為心，以「身心的感受」為心，以「對事情的反應」為心，當我們起心動念時，它們就創造了我們的處境。

所謂的「悟」，就是看到自己內心。感覺煩惱的時候，那壓力與焦慮不安，是心的產物；感覺痛苦的時候，那悲慘的感受也起源於自心。另一方面，當我們歡喜快樂，幸福得飄飄然時，那喜孜孜的感覺也是生於這顆心。沒有了心，既沒有煩惱也沒有愉悅。

當你不開心時，試試看，如果你沒有負面的心念，可不可能不開心？好，再試試看沒有煩惱的念頭，會不會感到心煩；再試試沒有悲苦的想法是否會感到悲苦？沒有憤怒的念頭會不會感覺憤怒？這是不可能的。除了你自己的內心外，沒有任何地方可以生出你的負面情緒。

《一念之轉》中拜倫．凱蒂的睿智之語：如果我相信那些帶給我痛苦的念頭，我就會痛苦；如果我不相信，我就不會痛苦。對每一個人都一樣。因為當我們相信那些負面念頭時，就會引發負面情緒，就會影響我們身處的世界。而當我開始去質疑這些念頭時，一切都轉變了。

人們常會問：「我要如何去除苦惱？要怎麼改善負面情緒？」這就是沒看清。其實，煩惱和痛苦都不是要把它拿掉的東西，而是看清它是「不真實」的，看清那只是你的想法罷了。

負面的是你的想法，而不是你的人生。當你不再「當真」，一場情緒風暴就這麼神奇地煙消雲散。

目錄

CONTENTS

Chapter.1 存乎一心，了解心的運作

Chapter.2
心有所「愛」，必有所「礙」

Chapter.3

心沒問題，世界就沒問題

Chapter.4

心的轉變，世界也跟著轉變

Chapter.1

存乎一心，了解心的運作

印象就像照片，你在我生氣時拍一張照片，
但隔天我已經不一樣了。
你對我的記憶還留在那張「照片」，
怎能了解現在的我？

境隨心轉則悅，心隨境轉則煩

我們對任何事物的感受，不是根據事實狀況，而是取決於心
——我們如何看待，如何詮釋。

誰都知道，一切事物都有幾種看法。你說一件事物是美是醜、是好是壞，這是你的看法，換個人可能就完全不同。同樣的經歷，不同人的看法往往也南轅北轍。

比如同樣蟲鳴鳥叫，有人覺得吵，有人覺得悅耳；同樣一幅畫，有人說是藝術，有人說是色情；同樣一句話，有人感到關愛與幸福，有人

卻覺得厭煩與不滿；同樣的你，有人喜歡，有人不喜歡。

有個老人行將就木，他結褵多年的妻子緊挨著他坐在床邊。他張開眼睛看著她。「妳在這兒，愛麗絲，」他說：「又在我身邊。」

「是啊！親愛的。」她回答。

「回想從前，」那老人說：「我記得所有妳在我身邊的時候。當我收到入伍召集令要出發作戰的時候，妳在我身邊；當我們第一棟房子慘遭祝融之災而夷為平地的時候，妳跟我在一塊；當我出意外，車子全毀的時候，妳在我身邊；當我生意失敗導致破產，我倆一毛不剩的時候，妳仍與我同在一起。」

「是啊，親愛的。」妻子說。

「我告訴妳，愛麗絲，」他說，「妳真是一個不折不扣的掃把星。」

問題不在「經歷什麼事」，而是「如何解釋它」。我常常聽到人們驚訝地說：「跟人聊起往事時，大家的認知怎麼差那麼多？」夫妻間提起某件事時，另一半卻矢口否認；一件事發生時，對其中一人沒有影響，卻讓另一個人心理受傷。即使在同一個屋簷長大的手足，也常留下迥然不同的往日回憶。

為什麼會有這種「各說各話」，對事情解讀各自獨立不同的版本？我們對任何事物的感受，不是根據事實狀況，而是取決於心——我們如何看待，如何詮釋。

有個同事，個性迷糊大而化之，大家都很喜歡她，可是她的先生卻怨言不少，說她不是掉鑰匙，就是掉手機。

另一個朋友，是個小心謹慎的人，喜歡事事有周全的計畫，可是老婆卻覺得他顧慮太多，常小題大作，受不了。

你欣賞某人「心直口快」，也有人討厭他「口無遮攔」；你可以說某人「意志堅定」，也可以說他「個性固執」。如果你不喜歡，那人就成了討厭的人。假如你不喜歡一叢草，它們就是鄙陋的雜草。如果你不喜歡下雨，雨天便成了討厭的一天。如果你以嫌惡的眼光看待身邊事，生活鐵定會顯得很糟。你怎麼詮釋，決定你有什麼樣的感受。

我最近拜訪一位中醫師，在他的診所正巧目睹這樣的例子。一位病人面帶痛苦地說：「我全身酸痛，輕輕碰到都會痛，是否可以推拿按摩？」有趣的是，當按摩師來到，他卻告訴按摩師：「要用力一點壓，效果比較好！」

我覺得這人很妙。之前說連輕壓都不行，現在卻要求按摩師要加強力道。同樣的情形，因為不同的詮釋，反應居然如此極端。

英國劇作家莎士比亞說得對：「事物沒有好壞之分，是思想使其有好壞之別！」

讓我們覺得難過的，是自己這顆心；讓我們覺得愉悅的，也是一樣這顆心。

當你了解，這顆心如何讓自己吃盡苦頭，同樣的一顆心也能讓我們離苦得樂，你就自由了。

天空突然下起雨，你覺得「很掃興」，在太陽出現時覺得「很高興」，這兩者都是你思緒的產物，和實際上發生的事情並不相干。比方說，你不也曾在下雨天很高興嗎？因此很顯然的，經驗不是你經歷了什麼事，而是你如何看待這件事。

下雨天，你可以抱怨：「真討厭，下雨會把車子弄髒！」也可以快樂地歡呼：「太好了，下雨免費洗車！」

佛語說：「境隨心轉則悅，心隨境轉則煩。」

你可以抱怨玫瑰花叢帶著刺，也可以反過來感激，在刺叢中長出玫瑰。

不要相信你想的所有事情

我們所有的故事都在內心編造，只是自己沒意識到。當你知道自己想法未必可信，鬱悶的心便能夠當下釋懷。

有一則發生在中東的故事：有個道德家路過一座森林，他看到一個人在河邊，走路搖搖晃晃，看起來像一個醉漢，他旁邊還帶了一個女人，所以道德家立刻想到，為什麼這個人會帶女人到這裡？他帶著那個瓶子裡面一定是酒。酒加上女人，又在荒郊野外……經過分析，事情已經非常清楚，他認為他已經非常了解了。

然後就在這時，河邊有一艘船不慎翻覆，那個道德家沒勇氣跳下湍急的水中救人，但是那個「醉漢」馬上跳下去救人，他把所有人都救上岸。

這時，道德家開始覺得困惑，他本來認為這個人是一個醉漢、一個不道德、下流的人，但是他卻做出如此良善的事，自己甚至沒有勇氣去做這件事。

接下來，他看了那個女人揭下面紗——她是一個很老的婦人，這才知道她是那個人的母親，而手上的「酒瓶」原來是空的，他是來河邊裝水的。

「不要相信你想的所有事情」，如果僅僅因為思想是在自己的腦袋裡產生，就把它們認定為事實，我們將惹來許多麻煩。

例如，當你瞄我一眼，就認為你對我不滿；你對我笑一笑時，我馬上解釋說：「你對我有好感！」聽到旁人討論的嬉戲聲時，就懷疑：「他們是在說我壞話！」尤其雙方互動不良時，不經意的一句話或一個動作，我們會認定對方針對我們，因而生氣，找對方理論。

有時，別人告訴我們某些事，我們會做出假設；如果別人不說，我們還是會做出假設，並對這假設深信不疑，取代與他人溝通，人與人之間的心結，就是這麼來的。

多年以來，艾倫覺得自己在家裡像個外人似的，跟家人格格不入。「我太太和兩個孩子都跟我作對，他們根本不關心我的需求，只顧自己高興。」為此，他經常生悶氣，甚至大吼大叫。

他跟我說了自己的鬱悶。他覺得家人聯手對付他，自己被誤解及排擠。他覺得自己不該受到這種待遇，他不想再忍受下去。我沒有照他編的劇本走，相反的，我提醒他質疑自己的想法，我說：「不要如此肯定，你的以為只是以為。」

艾倫的既定思考模式很容易理解，因為我們所有的故事都在內心編造，只是自己沒意識到。當他知道自己想法未必可信，鬱悶的心便能夠當下釋懷。

曾有一個病人向我抱怨說某某人很不夠意思。她說，虧她平日對那個人那麼好，但她開刀、住院，卻沒有前來探視。

「事情也許不是妳想的那樣，」我說：「或許朋友怕妳剛開完刀，精神不佳，沒有體力招呼親友，她不想讓妳太累。」

「你這麼說也有理。」她這才釋懷。

誤解，是不全面或不正確的了解。所以，耶穌教導大家：「不是以表面來判斷，而是以正確的判斷來判斷。」如果你不了解整件事，就不要妄下結論，因為事情往往不是你想的那樣。

人們常常把事實與預設給搞混。多留意你自己是否會使用「我猜……」、「我認為……」、「我以為……」或「他總是……」、「那一定是……」等虛妄猜測之辭。時時提醒自己：不要如此肯定，你的以為只是以為。

把「事情就是這樣」，改變成「這只是我的看法」。既然說「這只是你的看法」，下一回你想對任何人或事評斷前，問問自己——

我是否對這個人或事早有成見？

我是否太執著於某個想法？

這是真的嗎？我能百分之百確定嗎？

為什麼你沒看見大猩猩？

每個人其實都走在藍天之下，如果你沒有感覺到，那是因為你沒有抬頭向上看，而不是它不存在。

你是否曾熱衷於一本好書或電視、電玩到忘了吃飯？是否曾迷失在思緒中，即使有人跟你講話，你卻一句話也沒聽到？

上通識課時，我讓學員看了一部短片，內容是哈佛大學所做的著名心理實驗：為什麼你沒看見大猩猩？

實驗者向觀眾播放一段三分鐘的影片，要他們計算在黑與白兩個籃球隊之間的傳球次數。一分鐘後，影片中有一位身穿大猩猩裝的實驗人員，慢慢走到球場中間，面對著攝影機捶胸，然後又走開。

影片播完後，訪問受試者，有半數以上的人對大猩猩根本視而不見。因為他們太專注於算球，眼裡只看見籃球。當被問到是否看見任何異狀，他們都肯定地說沒有。重看影片後，他們都驚訝地張大嘴巴。

顯然，我們只注意到自己想注意到的事物，其餘的皆視若無睹。在日常生活中這樣的例子非常普遍，例如：我們很容易忽視背景音樂直到我們聽到自己喜歡的歌曲；剛買新車的那一陣子，在路上不自覺地一直注意同一廠牌的車子，忽略其他廠牌的車；當你專注地閱讀這篇文章時，大概不會注意到馬路上的車聲，窗外鳥叫聲，甚至風扇吹來的徐徐涼風。

德國作家赫曼．赫塞在其著作《流浪者之歌》中就很富洞察力地描述了這種現象：

一個人尋找某物時，常常會發生這樣的現象：他只看到他所要尋找的事物，而不能發現其他事物，不會留意其他東西。因為他心裡只想著他要找的東西。

這會有什麼問題？如果我在一大張白紙畫上一個黑點，然後問你說你看到什麼，多數人將不會看到那張白紙，只看到那個黑點。如果我們專注在自己所厭惡的事情上，那麼，其他美好的也會視而不見。

我們就以朋友變敵人，關係由愛生恨為例：當錯誤成為注意的焦點，人們便開始用負面角度來解釋對方的行為。譬如，一個怨憤不平的丈夫一旦心情不好，腦中立刻想起妻子對他的種種不善，而且反覆思索，妻子從兩人相識以來對他的諸般好處卻無一憶起。在這種情況下，即使是善意也會刻意視而不見，溫柔也可能被解釋成虛情假意。

如同看不見大猩猩的實驗，思想有種先入為主的執迷現象。過於沉浸在思想中的人，會一直陷入自己的思想裡，以致於忽略了心思之外的世界。

每個人其實都走在藍天之下，如果你沒有感覺到，那是因為你沒有抬頭向上看，而不是它不存在。出去戶外深呼吸一口氣，看看飛翔的雲在我們的頭頂飄過，路邊開了幾朵不知名的野花；一陣清風吹過，細碎光影從樹葉間隙灑落，甚至可以聞到大地煥然一新的氣息。

在這一刻，那個讓你厭惡的人還在嗎？那個煩擾你的問題又去了哪裡？那些不過是你一念的執著。

心，就像照相機的鏡頭，放在哪裡就照到哪裡，其他的地方就看不到。

你心情鬱悶，那是因為你對焦在不快樂的人事物上。只要藉著改變鏡頭，世界就完全不同。

有一個簡單的方法，那就是：「想想你這一生最快樂的一刻」或是「想想你這世上最心愛的人」。當你這麼做，不快樂自然消失。

試試看，當你眉開眼笑，就不可能愁眉不展；當你張開雙手，就不可能緊握拳頭；當你望著藍天，就不可能抱怨汙泥；當你充滿了光亮，就不可能繼續留在黑暗；當你專注美好事物，就會發現世界真美好。

你尋找什麼，就會發現什麼

在我們看見某事之前，已經決定好自己要看見什麼，而且一定看得到。

有位女士打電話給旅館樓下的經理，她很生氣地叫囂：「我住在樓上五一五號房，有個全身赤裸的男子在對面的房間裡走來走去。」

經理回答說：「我馬上就來。」他進入女士的房間，從窗子外面望出去說：「妳說的對，夫人，那個人的確是光著身子，但是他不論在房間的哪一個地方，窗戶仍然遮住他的腰身以下。」

「沒錯，」那女士喊道：「但你站在床頭櫃上看看，你站在床頭櫃上來看看！」

《奇蹟課程》說：我們之所見，取決於自己想看到什麼。如果我們想看見別人不尊重我們的感受，就一定能找到證據來證明這一點。

如果你對隨地吐痰的人感到相當厭惡，那麼你在街上就一定常常會看到這樣的人，甚至有人在五十公尺之外吐痰你都會注意到。如果你認為所有主管都很專制獨斷、喜歡控制人，那麼你的每一個主管在你看來就都會是這樣的。當你一直說著關於自己是受害者的故事，那些故事就會在你生命中不斷出現。如果老婆認為老公是個爛人，便能夠輕易地舉出許多「他是爛人」的實例：小孩也不顧、家事也不做、一點都不體貼、只會看電視、放假不會帶我出去等等。

有位初入職場的學生告訴我，她發現社會很現實、很黑暗，不論去到哪裡，幾乎都可以發現人性的險惡。

「週遭的環境和人永遠都會配合你，」我跟她說：「每當我們注意什麼，就會在自己的生活當中發現更多相關的事實。這個社會有些人確實險惡，但善良的人也不少。但由於妳意識專注於黑暗面，結果所到之處，就會一再遇到險惡的人。」她聽了，感到非常驚訝，但也點頭承認我說的對，因為她有幾個朋友也一樣身在職場，卻沒有跟她一樣的遭遇。

有一點很重要，就是在我們看見某事之前，已經決定好自己要看見什麼，而且最後一定看得到。

對那些覺得生活令人沮喪，世界充滿危險、充滿腐敗與悲慘的人來說，我們周圍充滿了佐證。當你想為自己憤世嫉俗的見解辯解時，絕對不愁找不到證據。

有個小心眼的婦人，老是認為老公偏心，覺得丈夫對公婆、大伯、小姑，乃至朋友、同事都比對自己好。為此她心中一直很不平衡，逢人就抱怨：「我怎麼這麼命苦，居然嫁給這樣的人。」

有一天，公公婆婆在沒事前告知的情況下，突然登門造訪。當時正逢晚餐時間，婦人把冰箱的菜都煮了端上桌，但菜色依然不夠。

丈夫於是提議：「不如這樣吧，妳到巷口的熱炒店買幾樣菜回來。」

婦人本來想拒絕，心想：「等我買回來，桌上的菜一定被你們吃光……」

「放心啦！」丈夫說：「我們會等妳回來，再一起開動。」

婦人嘟著嘴，走出家門，但心裡卻想：「哼，我那偏心的老公、自私的公婆，一定會趁我不在，把好菜先吃掉。」

她越想越不放心，索性躲在窗邊偷看。

起初，毫不知情的丈夫與公婆，還等在餐桌邊。但十分鐘過去了、半個小時也過去了……最後過了一個小時，婦人還是沒有回來。終於，老公忍不住了，說：「爸、媽，我們先開動吧！」

而就在三人拿起筷子的時候，婦人突然衝進了家裡，得意洋洋地大叫：「看吧！看吧！我就說你們一定會偷吃。」

你想要尋找什麼，你就會發現什麼，而且一定看得到。

想像一下，有兩個人在爭論：「窗外滿地都是泥濘。」而另外一個人說：「窗外滿天都是星星。」他們可以一直爭論，但永遠不可能有結論，因為他們說的都是自己看到的。你可以說這世界充滿愛，也可以說世界充滿險惡。

你選擇看的方向，決定你所看到的事物。當你看你的家庭是幸福美滿的，你就是幸福美滿的；當你看到你的人生是悲慘的，就是悲慘的；如果你看到充滿希望，你的人生就充滿希望。

你看到的只是印象

印象就像照片，你在我生氣時拍一張照片，但隔天我已經不一樣了。你對我的記憶還留在那張「照片」，怎能了解現在的我？

當你看一個人的時候，你是怎麼看的？你是否可以不做任何評論，或是不帶任何成見去看一個人？我想這是很難的。

當你認識一個人，他做了某件事，你覺得很好或不好；他說過某些話，你覺得高興或不高興，然後你就對他產生特定的印象，並把這個印象留在腦海裡。有人曾侮辱你、跟你吵架，當你再見到這個人時，你的思想立即跳出來，提醒對方言辭刻薄、對你挑釁。因此今天見到那個人時，你也不懷好意。

可是今天的他還是一樣嗎？人經常在變，心情可能時好時壞，心地可能由惡轉善，即使在一天當中也可能變好幾個樣。如果你對他抱持著先前的看法，對過去的印象起反應，就看不到「現在的他」。

突發一場脾氣並不代表此人就脾氣暴躁；偶爾不想講話，也不代表你內向；上回去旅遊時，你超速被開紅單，不表示你很不守法；而滿口仁義道德的人，也未必言行合一。西方有這樣一句諺語：「一燕不能成春，一個好天亦不能成春。」引申而言，我們不能僅憑單一的證據，就去證明所有的事情。

當我說我認識你時，只表示我認識上回見面時的你，對目前真實的你其實是一無所知的。我所認識的只是我對你的印象而已。而你對我的印象也一樣。

那天有同事問我：「你對新任會長有何看法？」我說沒有。他說：「你不是認識他嗎？」我說我沒有意見。對某人有看法或意見反映出他在你心中留下的印象，如果經驗重複幾次，我們此生都可能戴著這副同樣的眼鏡來看。這等於是把一個活生生、一直變化的人變成一座固定的雕像。

只要想想一件事，當你觀看你的丈夫或妻子的時候，你是真的看到嗎？還是看到多年來歡愉、惱怒、嘮叨、生氣的言詞等記憶累積起來的印象？上一次你與伴侶深情凝視是什麼時候的事？你已經多久沒有傾聽對方的心事？你自認為對彼此已經熟得不能再熟了，「都老夫老妻，還有什麼好看。」你又說：「他不說我也知道……」、「我早就看透他了……」這樣怎麼可能了解彼此？要如何溝通呢？

偏見就是對事情作預先判斷，人們經常做這種事。有個著名的蘇菲教派故事，談到神聖的愚者穆拉．納斯爾丁的軼事。有一天，他認出前面那個正走在地下道的人是誰時，他的眼睛亮了起來。他重重地拍那個人的背，讓那個人差點跌倒，然後他喊道：

「彼得，我幾乎認不出你來了！唉呀，你比我上次看到的時候胖了許多。而且你還換了新髮型。」

那個人惱火的看著他，冷冷地說：「不好意思哦！但是我並不是彼得。」

穆拉．納斯爾丁說：「啊哈！所以你連名字都換了啊？」

真的看見是不帶成見和判斷，然後才會有真正的了解產生。每一次與人見面，每一次與人交流，都永遠保持赤子之心，溝通才會變得有可能，親密的交談才有可能。你只有在一種不知道的狀況下才能看見我，因為我一直處在不同的狀態。

如同有位兩性作家說的：當我從親密關係的幻想中覺醒，用不同於以往的眼光注視著伴侶的眼睛，我才突然明白：「我並不瞭解你。」尤有甚者，我也不了解自己，不了解我們這段關係。就在這一刻，我們有了可以重新來過的自由。

每個人、每件事，時時刻刻都在變，永遠不變的事情，只存在你的記憶中。

我現在臉上有汙點，你看到了，隔天我把汙點去掉了，你還看到汙點，請問汙點在哪裡？汙點已然不在我的臉上，而是在你的心上，不是嗎？

不要去評論別人，因為沒有人知道另一個人的靈魂中發生過或正在發生什麼事，你是否也該給別人或給自己一個機會，重新認識彼此呢？

唯一的想法是最危險的想法

每個人都是「對」的，只要你從他的角度，看到他所看到的。如果太執著自己是對的，那也會是錯的。

元宵節，鄉下某地方唱戲慶賀，當天十分熱鬧。有三個人，在看戲時互相談話。一個有近視，一個有重聽，一個跛腳，他們各用各的看法，批評這一天的戲。

近視說：「今天戲唱得很好，不過行頭不好！」

重聽說：「行頭很好，可惜聲音太小了！」

跛腳說：「什麼都好，但是戲台搭歪了！」

人都是透過自己的感官才能認識、經驗外在的世界。除此之外，人無法認知外在事物，可是感官也會誤導人。我們就以日升日落為例，這世上每個人都知道太陽從東方升起，從西方落下，因為這是我們每天都目睹的現象。倘若你告訴一個小孩，說這不是真的，他一定會十分困惑，我應該相信自己所見嗎？

事實上，太陽不會繞著地球轉，我們看到太陽升起落下只是視覺創造的假象。

蘇軾《題西林壁》：「橫看成嶺側成峰，遠近高低各不同。」一座山因觀看的角度，從這邊看是平緩的山嶺，從那邊看是陡峭的山峰，面貌風情各有不同。

如果我們各自描述阿里山的風景。我說的是從我的角度看到的風景，與你看到的就不同。如果有一百個人去那裡，每個人認知都不會相同，經驗也將有千差萬別。就像俄國評論家別林斯基說的：「一千個觀眾眼裡就有一千個哈姆雷特。」

某一項真理對某個人來說，的確是真理；但對其它的人而言，卻未必是。而其他人所認為的真理，也不一定是每一個人的真理。如果我們找人來評斷誰是對的？誰是錯的？那又更難了，同意你觀點的會說你對，同意我觀點的會說我對，這又回到原本的爭議上。

只要問問任何一個律師或法官，就知道道理並非真理，而真理也不一定越辯越明。如果真理是如此明顯，我們何必要一個最高法院來解決爭議呢？而且即便如此，大法官們還經常彼此意見不同，爭吵得非常激烈。

二十世紀初的時候，美國一位名聲遠播的社會評論家亨利．孟肯（H.L.Mencken）因為常在報上發表批評美國人生活方式的文章，所以不斷地收到成堆讀者們寫來痛罵他的信。

然而，孟肯給予每一位讀者們的回信內容全都一樣，只有簡單的一句話：「你說的也許有道理。」孟肯的智慧的確令人折服，多少潛藏的衝突爭端就在這句簡短的回覆下消弭於無形。

這故事我曾一再提到：有兩個人因見解不同，發生嚴重爭執，相持不下。

他們決定請德高望重的大師主持公道。

第一天晚上，甲找到了大師，說了他的看法。

大師說：「嗯！你說的有道理。」

第二天晚上，乙也找到大師，說了他的想法。等他說完，大師說：「嗯！你說的有道理。」

事後，一旁的弟子不解地問：「兩個人的說法完全不同，你卻說他們都有理，怎麼可能兩人都是對的呢？」

大師笑著對弟子說：「嗯！你說的有道理。」

人都習慣從自己的角度來看、來談、來感覺事情，因而很難了解和我們不一樣的人。在你對別人的言行評價為「不可理喻」的時候，你也許得到了同樣的評價，所謂的「據理力爭」，不過是在鬧「瞎子摸象」的笑話。

其實，每個人都是「對」的，只要你從他的角度，看到他所看到的。如果太執著自己是對的，那也會是錯的。

人為什麼爭吵？為什麼堅持己見？為什麼怒氣橫生？

因為認為自己才是對的。

法國哲學家夏提埃曾說：「唯一的想法是最危險的想法。」人無論多麼客觀，都是來自個人的主觀，只是多與少的區別。如果你想了解某件事，就必須放棄原有的成見。因為一旦先有判斷，就在心中有了結論，你的心就關起來了。

「他或許是對的。」只有當你開始接納別人的意見，心才能打開。

念頭是內心混亂的源頭

念頭是所有事情的開頭，當「起心動念」之際，必須特別小心注意，可別讓它成為所有麻煩的源頭。

為什麼人們喜歡小鳥啁啾的聲音，卻不喜歡有人在一旁竊竊私語？因為我們不只是聽到聲音而已，我們習慣在聽到的聲音之外又加上一個念頭：「他是不是在說我壞話？」當我們這麼想，心就變得忐忑不安，在反覆思量之後，接著不知不覺地，我們不滿的感覺突然理直氣壯了，原本微不足道的困擾，突然變成憤怒的來源。這也是許多人會為小事抓狂的原因。

如果我們的想法縈懷不去，就會不斷地滋長：「他口是心非、裝模作樣……我最討厭這種人，看到他就倒胃口。」於是我們開始想起他討人厭的各種特質，想起他使我們厭煩的事，對他的不滿如滾雪球般越滾越大。這一切全源自一個小小的念頭：「他是不是在說我壞話？」

人會執念，是因為我們將心中湧現的每一個念頭都看作是現實的反應，真實不虛。如果你心想「他這樣對我真讓我無法忍受！」你不覺得這只是一個念頭，而認定事實如此，在那當下，你就創造一個「無法忍受的『事實』」。那麼它已不再是單純念頭，你的認同將創造出憤怒。當一個人沉溺在他自己的否定想法中，同時又不自知時，就會造成情緒的紛擾。

因此，我們必須學習覺察心的變化，當「起心動念」之際，必須特別小心注意。例如：你聽見路上有人猛按喇叭，你想到吵鬧這個念頭，然後你想起最近發生一件很厭煩的事，因為那件事你又想起了某個人……思緒就這樣持續地進行下去……聽有些人在竊竊私語，就懷疑別人在背後說壞話；對同事所做的事有意見，就懷疑別人故意整你；有人對你好，又懷疑別人的動機。再如接到沒出聲的電話，懷疑配偶外遇；身體出現一些症狀，就懷疑得了癌症；夜半看到模糊的身影，又懷疑會不會是鬼……

靜觀內在的思考模式，能讓我們覺察自己的心如何從一個想法轉變成另一種，也能覺察情緒的轉變。我們能看出心如何虛構出一個故事，以及看到自己如何隨情緒起舞，創造了我們的處境。當我們了解心的運作，並逐漸熟悉它，這就是自覺。

奧修說過：「所有的問題都來自不覺知，不覺知製造出問題，它其實是唯一的問題。因此，當你變得覺知，問題就消失。」

西藏有一位高僧叫潘公傑，他每天靜坐時，在前面放黑白兩堆小石子，來辨識善念惡念。善念出現時，就在一邊放一顆白石子，惡念出現時，在另一邊放一顆黑石子，到晚上檢點。開始時，黑石子多，他不斷反躬自省，最後，他面前全變成了白石子。

人在想一件事的過程，往往意識不到自己「在想這件事」，只有中斷對這件事的思考，才意識到想了此事。

思想的靜止就是覺知。靜坐的道理也在此。一個是內觀：看見逐漸冒出的思緒；另一個是放下：放下對冒出思緒的罣礙。如此心便會平靜下來。

覺察心的變化，必須先認識兩個你：「思考之我」與「觀察之我」。你要做的就是扮演觀察者的角色。

隨時觀察「我的想法」與「我的感受」。想法是瞬息流轉的，要覺知並不容易，然而，想法往往伴隨著感受，感受則會衍生情緒，明白這一點，我們可以在每一個情緒生起波濤的當下往內看。我們即可看到情緒底下的想法，以及我們的信念。

這不過是一個念頭罷了！

任何負面的念頭和情緒並沒有生根，
只要你不提供養分，它們便如枯葉般凋落。

你是否曾注意到腦中冒出某種奇怪或惱人的想法，讓你不禁要問：「這個念頭從哪裡來？」或腦中曾出現某些聲音指責你沒有注意聽，你趕忙致歉：「對不起，我剛剛心不在焉。」或者你突然發現心思「不知跑到哪裡去了。」

仔細看看這些說法，會發現其中的意思耐人尋味。心念是從何而來？往哪裡去？心念又是什麼東西？

心念是指在潛意識裡的所有想法，有些是你自覺的，更多是你根本不曾察覺得到的。這些念頭可能只是一個普通的想法，一種喜或悲的情緒感受，一些過去的回憶、未來的憧憬，又或是天馬行空的幻想。當靜心觀察時，你會發現念頭生起，念頭滅去，就像飄浮在天空無數的雲朵，有些在你未及會意之時，已經消失無蹤。這就是佛家說的「空性」。

念頭本身是空的，它的內部什麼原料都沒有。它存在是因為你的認同。如果你不去認同，它會在那裡一陣子，接著就散掉；情緒也是一樣，不管是憤怒、悲傷、懊悔……如果你不再關注，它無法久留，很快就消失。

許多人試圖改善負面想法和情緒，效果總是有限，原因就出在他們太過認同了。那些情緒和念頭原本並無實體，然而如果你去認同，就等於給予了它生命，這將更難處理。所以重點不在改善或處理，而在了解。

我聽說有位西藏喇嘛第一次到西方時，很意外地發現大多數人似乎都被腦中的想法驅策。經過一整天的採訪後，他難以置信地轉身向他的翻譯驚嘆道：「這些人似乎把他們所有的力量，都給了他們的想法！當我想要我的頭腦專注在什麼事情上時，我就把頭腦專注在那裡，而只要我想，它就一直停留在那裡。如果一個念頭跑進我腦袋，而我不希望它留在那裡，我只要不去想它就可以了。這些人還沒學會如何做到這點……」

當你說：「我就是無法不想著那件事，我就是不能放下念頭！」這就表示你不了解。煩惱並不會執著於你，是你執著於它；痛苦並沒有緊抓著你，是你緊抓不放。任何負面的念頭和情緒並沒有生根，只要你不提供養分，它們便如枯葉般凋落。

你可以觀察看看，便會發現你沒有辦法一直痛苦，你能夠嗎？如果你什麼都不做，再來會怎樣？痛苦來了又去，悲傷也是來來來去。我在重症病房注意到一個現象：一個人無論再怎麼努力，也無法使一個負面的情緒長久持續著。不管是悲痛、憤怒、絕望或是煩惱，它的本質都是無常的。

解脫之道，並不是從負面情緒中解脫出來，而是從念頭中解脫出來，明白「這不過是一個念頭罷了！」看清這點就等於得到解脫。

在市中心辦公大樓有個貨梯先生，與別人不同的是，他沒有左手。一天，有人問他少了隻手是否覺得難過，他說：「不會，我早就忘了。只有在要穿針引線的時候，才會想起這件事來。」

像現在，當你很專注讀這本書時，你的念頭跑到哪裡呢？如果再仔細觀察，甚至可以察覺到自己的心念每一刻都在變化。你很難持續想著你的煩惱，你總是會分心去想其他不相干的事，明白這點，對放下負面情緒是非常有效。

坦白說，我也常會有負面思緒出現，不同的是，現在我知道「想法就只是想法」，我不必因它們出現，便加以反應。而當我不去理會，它們不久就雲消霧散。

當你生氣時，先閉起眼睛坐著。試試看，你能夠維持生氣多久，你會發覺在幾分鐘之後，那個熱度已經減退，或者，在過了一小時之後，你發覺你已經完全忘記，你已經在想其他的事。

你可以在一天結束之前試著回想，頂多只能想起當天印象最深刻的一、兩件事。同樣地，如果我們在一個月結束之前試著回想，頂多只能想起當月印象最深刻的一、兩件事。即使是我們一生當中，能記住的事也是很有限，就算已經記住的事也常想不起，不是嗎？

除非你念念不忘，或不斷去回憶。

Chapter.2

心有所「愛」，必有所「礙」

那些讓你生氣、受傷、痛苦，讓你輸的，
都只是一種叫感覺的東西。

別把自己搞得「非如此不可」

你的規條就只是你的規條，別人不必然要遵守。
你的信念和觀點，其他人沒有必要奉行。

當我們仔細觀察自己的內心，會發現自己對每個人、每件事都有意見，對周遭的每一件事都有判斷：這是錯的，應該這樣，應該那樣。猶如法庭上的法官，我們依據自己的規條，對自己的內在和外在世界做出判決。

這些「應該」的規條包括：話應該怎麼說；事情該怎麼做；衣服該

怎麼穿；應該怎麼打扮；孩子該怎麼管教；朋友應該支持我；另一半應該知道我的想法；媳婦過年應該留在婆家；情人節應該送花……都是以我們先前的經驗、自己的信念和觀點，來作為評斷的依據。每個人都有自己的規條，所以對事情反應也不同。

譬如說你對於朋友所持的規條是：「如果是朋友就應該支持我，就應該記得我的生日。」那麼當朋友沒支持你，或是忘了你的生日，你就會認為對方不夠朋友，因而心生不滿。相反的，若你不介意，問題也就不存在。

我曾在課堂上，要求學生在紙上寫出幾句，他們認為「事情應該怎樣」，然後，我請他們陸續起來把已寫下的句子唸出來。當他們讀出「事情應該怎樣」時，我會立刻問：

「為什麼你覺得應該這樣？」

「當別人沒做到時，你的反應如何呢？」

絕大多數人都是失望與挫折難過，甚至義憤填膺，指責對方。

「問題是這些規條是誰定的？合理嗎？」我要他們反問自己。

有位學生跟男友爭吵，她說：「如果他真的愛我，他就應該討我歡心，對我噓寒問暖，週末陪我……男朋友不就應該這樣嗎？」

「是誰說男友『應該』這樣？」這就是被自己的規條所捆綁。

只要注意一下，你看很多人對於別人應該怎麼對他，應該有什麼言行舉止，東西應該怎麼擺，都有奇奇怪怪的見解，經常把自己搞得「非如此不可」，卻不去質疑自己的規條。

有一次我問學生：「你們哪些人擠牙膏會從前面擠？」大約半數人

舉了手。「哪些人擠牙膏會從後面擠？」又是半數人舉了手。

「理由是什麼呢？」

「習慣！」真有默契啊！大家不免噗哧一聲，相視而笑，於是我說：「很多事其實並無對錯，只是不同，對不對？」

每一個人有每一個人的思想，每一個人的生活方式。只是跟我不同，並沒有對與錯。

南傳佛教大師阿姜查的肺腑之言：「你們對於事情應該如何，何謂善惡、對錯，總有許多看法與意見。你們執著於自己的看法，並為此深受痛苦。但它們不過是看法罷了。」

我們要好好觀察自己的內心，問問自己的痛處在哪裡？為什麼你會如此敏感呢？這些問題真有那麼嚴重嗎？為什麼你不能微笑以對？你一直都在判斷說什麼是對的，什麼是錯的。你注定遭遇挫折和是非越多，痛苦和失望越大。

其次，你必須認識到，你的規條就只是你的規條，別人不必然要遵守。你的信念和觀點，其他人沒有必要奉行。如果你堅持人們應該如何，內在就越形狹隘與僵化，心又怎麼可能開闊？

想一想，你上一次對某人生氣的情景，你是氣他這個人呢，還是他觸犯了你的規條？每當你情緒反應時，是不是有人沒按照你的規條而產生反應？

任何時候當你覺得不快樂時，問問自己：「這不愉快是某事造成，還是因為我所訂的規條？」接著問：「是誰說事情應該這樣？」、「緊抓這個念頭對我有幫助嗎？」

一旦看清讓你不快樂的，就是自身狹隘的規條；當你不再堅持，心也跟著釋懷，你會覺得人們變得好相處。

這是我唯一可做的反應嗎？

如果有一隻瘋狗，莫名對你狂吠，
你會趴下來，也對牠狂吠嗎？

如果你檢視自己的情緒反應，你將發覺自己有時就像是按鈕一樣，隨時可以被啟動。如果有人侮辱你，你馬上翻臉；有人嗆你一句，你立刻回嗆，即使只是一句：「你算什麼！」你的教養立刻消失，你氣急敗壞，還以顏色——只為了一雙臭襪子，就啟動整台洗衣機。

產生反應是很自然的事。如果有人用東西打你，你一定會有反應，若沒有反應，你就已經麻木了。同樣的，當面對別人對你的言行，你也一定會有反應。反應本身並不是重點，重要的是反應的方式和本質。

別人批評你，也許你會這樣想：「他對我口出惡言，我當然會生氣。」果真如此嗎？如果有人口出惡言，你就非發脾氣不可嗎？如果有一隻瘋狗，莫名對你狂吠，你會趴下來，也對牠狂吠嗎？我們認為：別人傷害我們唯一可能的反應就是氣他們、報復他們，然而，憤怒和仇恨是我們唯一可以做出的反應嗎？當然不是！

我們可以不理他、忽略他、離開他、接受他，或以用不同方式回應。請注意，我說的不是「反應」，而是「回應」。反應是你在不加思索下，自動產生的行為。回應是指：你會怎麼看待和處理這個事件。

舉例來說，在公車上有人踩了你一腳，你說：「好痛！」這是反應，你回應的方式可能有無限多：

「那人是不小心的，沒關係！」

「那人真是不長眼，欠揍！」

「真倒楣碰上這種事！反正我做什麼都不順。」

還有很多很多，不勝枚舉。你可以選擇生悶氣，破口大罵或以牙還牙，讓這件事影響整天，或是一笑置之。你可以左右這個事件對你的影響，全看你用什麼樣的回應方式。

阿美參加駕照考試。

主考官問她：「妳在開車時，看到一個人與一條狗。妳是撞人還是撞狗？」

阿美毫不考慮，馬上回答：「我會撞狗。」

主考官搖搖頭，說道：「妳還是下次再來吧！」

阿美很不服氣地問道：「難道你要我去撞人嗎？」

主考官看了阿美一下，回答道：「不，妳應該踩煞車！」

有人激怒你，冷靜下來，只要藉著選擇不同的回應方式：「你怎麼了？你還好嗎？」反過來關心對方，當你這麼做你就走出了制約式的反應。「他可能不順心，可能他太忙了，他可能曾受到傷害。」當你選擇同情對方，這樣氣不就消了大半？如果你這樣想：「他是為我好，他是想教導、關心我，他是求好心切。」你甚至還會感激對方。

有次跟家人餐廳用餐，服務生弄錯了菜單，延遲上菜還態度不佳。

孩子問我：「為什麼不生氣？」我說：「我是來享受，又不是來生氣的。何況在等上菜的同時，可以看書報、看手機、聽音樂、可以聊天、欣賞周遭的風景，何必選擇生氣呢？」

問問自己：「這是我唯一可做的反應嗎？」

當你被攻擊時，你總是以憤怒或回擊來反應。你有沒有想過？你可以選擇不同的回應。

當你挫敗時，你總是失望或痛苦，你有沒有想過？你可以選擇不同的態度面對。

當你失意時，你總是陷入悲傷或沮喪，你有沒有想過？你可以選擇另一種心情。

不管情況有多糟，試試微笑以對，你就學會用「回應」來替代「反應」。

處理行為比處理情緒有用

說話速度放慢，聲音變小，臉部表情放鬆，你會發現脾氣發不起來。憤怒一旦冷卻，便不會升級成攻擊和破壞行為。

如果你睡不著覺，你能怎麼辦？你能做任何事讓自己睡著嗎？不，如果你沒有睡意，你只能等待，你沒辦法做任何事，因為任何行動、任何努力都會干擾睡眠的，那樣只會讓你更難入睡。

如果你內心煩亂，你能怎麼樣？你能控制心嗎？你說：「我想讓心靜下來。」但這個想平靜的人是誰？這個人正是心煩的人，所以你越想控制，心只會更煩亂。

常有人問：「我學了各式各樣的情緒管理辦法，為什麼心情還是不時泛起波濤？為什麼情緒還是無法控制？」有些心靈持修多年的人也常疑惑：「我已經修這麼久了，為什麼我的心還是無法平靜？到底該怎麼做才能讓平撫心情？」

我很明確地回答：「不必平撫情緒。」為什麼？試想「你能夠把海浪撫平嗎？」大海潮起潮落，心情起起落落，這是心的本質，想讓自己完全沒有情緒波動，如同要讓海面永遠變風平浪靜，即使耗費一輩子的精力，也終將徒勞無功。

當我們不順心的時候，朋友和家人常會建議關心說：「不要想太多」，一些心理自助書籍一再鼓吹「正面思考」，但有用嗎？你思想，而你又用思想來反對思想，你有跳出思想嗎？你並沒有，你只是在一個惡性循環裡面打轉。如同文豪杜斯妥也夫斯基《冬季夏日印象》一書中所說：「試著讓自己這麼做，『不要想北極熊。』你就越會發現這個念頭每一分鐘都在腦中出現。」

你可以試試看，如果你是鬱悶的，你越想擺脫那些惱人想法，只會更鬱悶；思想會透過很多方式讓情緒更惡化。下面舉數例：「我為什麼會有有這種感覺？」、「他憑什麼這樣對我？」、「我做錯了什麼？要受這種罪？」、「我為什麼那麼倒楣？」或是「我要如何甩開這些負面情緒？」把這些內容全部想過一遍，現在你有什麼感覺？你的心情想必比原本更糟，對嗎？其他的情緒也是如此。

古羅馬皇帝奧里略說：「好好觀察別人的行為在你身上所引起的憤

懣、挫折以及痛苦，你會發現，它們帶給你的折磨遠比該行為本身大多了。」事實上，不成熟的行為給我們製造的麻煩，也遠比我們真正面對的麻煩大多了。

那麼，當我們心海起波瀾時，該怎麼做才能不受紛擾呢？我們不需要改變情緒；情緒自然而然發生，沒有什麼不對。我們需要的是「改變自己的行為」。

我認識一個人，他說自己動不動就發脾氣，對此非常煩惱，想知道如何「停止生氣」。我告訴他，問題的癥結並不在怒氣，而在於他感到憤怒時，會採取什麼行動。

舉個例：你正在和配偶吵架，這時門鈴響起，一位神職人員站在門口，你會將爭吵的怒氣發洩在他身上？還是很快冷靜下來？如果你跟大部分的人一樣，那麼你便會像被澆了一桶冷水般冷卻下來。

處理行為要比處理情緒有用。當你發現自己緊握拳頭，提高音量，臉部緊繃。很明顯，你在生氣。現在試試看：把說話速度放慢，聲音變小，臉部表情放鬆，你會發現脾氣發不起來。憤怒一旦冷卻，便不會升級成攻擊和破壞行為。

回想一個你生氣的時刻，有人說了或做了你不喜歡的事，你想去找人出氣或算帳的時候。現在想想，如果你當時停下來，深呼吸，把這個過程放慢，會怎麼樣？就在這個暫停的時刻，我們有時間觀照：為什麼我們想打一通令人不快的電話，說些不厚道的話，或酗酒、飆車、摔東西，或做其他什麼事情？

不可否認地，我們會有一股衝動，因為我們相信這樣會讓自己比較痛快。但是如果我們暫停並且問自己：「事情過後，會覺得好些？」這方法非常有用，當你停止行動，就不會把事情變得更糟。

在乎，是把自己看得太重

天使之所以能飛，是因為他們將自己看得很輕。
別把自己看得太重，自然雲淡風輕。

假設我現在跟人打賭要將一顆石頭扔進距離我十公尺遠的垃圾桶內，這就形成一種壓力。相反的，如果我是漫無目的地扔進草叢，我一點都不在乎它掉到哪兒去，這便不是壓力。

當一個下屬在看你，你可以很輕鬆自在；但是當一位大人物看著你，你就會變得有壓力；當你跟朋友在一起，你可以侃侃而談，上了台，卻緊張不安。為什麼你會在意別人眼光？到底是自我意識太強烈，還是對別人太敏感？是太在意別人還是太在乎自己？

想想看，你真正在意的是什麼？是不是你很在乎你的期待、你的表現、你的面子、你的自我……對嗎？

在乎，是因為把自己看得太重。假如主管在批評別的同事的時候，你可能不覺得氣憤，甚至還會好言安慰同事：「不要把主管所說的放在心上，這不過是件小事。」但如果主管批評的人是你，心裡可能就會十分難過，認為事態嚴重，並拒絕接受同事的安慰，讓自己陷入鬱悶的深淵中。

事實上，主管對你所說的和對同事所說的都是一樣的，那麼，為什麼當他對你講的時候你會感到難過？因為是「我」。

你看上了一套漂亮的衣服，那些衣服原本與你無關，然後你買了它，你就會很在意，當它弄髒、破損了，你就會不開心，對嗎？因為那是「我的」。

印度的寂天大師說：「在乎者，多傷害」，真是一針見血。某件事發生了，而你覺得十分惱火，那麼請問你惱火的到底是什麼？如果你不在乎，你還會發怒嗎？觀察一下你所經驗過的任何一種痛苦：譬如憤怒、憎恨、妒嫉、挫敗、羞辱、恐懼或是沮喪，是不是都源自於「我」受傷？

有位同事搭高鐵上班，在下車時腳被踩了一下，沒想到那個人看都不看一眼就走掉，到了中午一起用餐時，他提起這件事還是忿忿不平。事實上，他身上的疼痛很快就消失，甚至已經沒有感覺了，他卻可以氣到下午。

太在乎自己，只會讓自己感覺不斷在受傷害，「我好衰，老遇到這樣的事。我好可憐，沒有人愛我，沒有人感激。我老是被遺忘，他們都不找我。大家都對我不好，我好委屈，我怎麼受到這樣的對待？」這也是我們多數人悲慘哀怨的由來。

我們對「在乎的我」幾乎推及到身邊的所有事情上。

當你說：「這是我的偶像，我的伴侶、我的父母、我的孩子。」我們的喜怒哀樂就會受他們影響。

當你說：「這是我的車子、我的房子、我的工作。」當他們受到損害或是出了問題，我們就有煩惱。

有一次，一位朋友因職場上的煩惱向我訴苦，想徵詢意見。只可惜事情涉及許多專業問題，我無從判斷。於是，我建議他：「不如你想像一下，我們身分互換。假設今天有煩惱的人是我，你會給我什麼建議？」

隔天，他很高興打電話來說：「我知道該怎麼做了。當立場這麼一對調，我的判斷力又回來了。」

人越是與切身相關的問題，往往越難解，為什麼？因為我們太在乎自己了。

英國作家卻斯特頓說得好：「天使之所以能飛，是因為他們將自己看得很輕。」別把自己看得太重，自然雲淡風輕。

心有所「愛」，必有所「礙」。現在起試試看，把「我」拿掉。

「這件事我該怎麼處理！」如果把「我」拿掉，剩下「這件事怎麼處理！」是否有助於你判斷和做決定？

「他竟然對我說那樣的話！」把「我」拿掉，就剩下「他說那樣的話」是否還會那麼生氣？

「這對我有什麼好處？」，如果把「我」拿掉，改換成「這對大家有什麼好處？」心是否也變得開闊？

感覺只是感覺

那些讓你生氣、受傷、痛苦，讓你輸的，
都只是一種叫感覺的東西。

感覺只是感覺而已，只有當你在意的時候，它才存在；如果你不在意，它就跟沒發生過一樣。

當你走在路上，突然有個義大利人罵你一句話，你不會生氣，因為他講的你聽不懂，所以沒有感覺，就不會受到傷害。有人灑水下來淋濕你，你會不高興；但當發現原來是下雨，即使你是一個脾氣不好的人，也不會憤怒，對嗎？

再如，有兩個人罵你，一個是陌生人，一個是你的老闆，通常你的老闆給你的傷害更大，因為你的感受更深。你會受到影響的唯一原因就是：「你認同它」。

有個年輕人學校畢業後，決定當個推銷員。幾個月下來，原本信心十足，士氣高昂，而今卻像個洩了氣的皮球，原因是他覺得自己受到了莫大的侮辱。

在按了門鈴後，有人一看是推銷員，就一臉不悅地關上門；有人則是一臉不屑地聽他解說，那表情就好像在看小丑表演。

「我真是受夠了！」這天他遇到一位前輩，他忍不住大吐苦水：

「為什麼我每到一個地方，就要忍受一次侮辱？」

「那真是太悲慘了，」老前輩聽了他的訴苦後，充滿同情地對他說：

「我無法瞭解你的情況。二十多年來，我到處旅行推銷，我推銷的東西曾經被人丟到窗外，我還曾被人放狗咬過，甚至被人一拳揍在鼻子上。但我想我還是比你幸運些，因為我從來沒有被人侮辱過。」

所以我說，感覺只是感覺。關鍵在於，如果你知道它與你無關，你就不會把它放在心上。如果你認為那個人的話沒意義，你將不會對它產生任何情緒反應。

曾有人問：「我覺得很受傷，我受打擊、我被騙了、我失敗了……

這也能說只是感覺嗎？」試想，這些遭遇有讓你脫一層皮，少一塊肉嗎？如果沒有，你的「傷害」又是怎麼來的呢？是自己想出來的，不是嗎？

失戀讓我悲傷。失去難道也是一種感覺？沒錯，當你失去了就與你無關了。

你看到一棵樹枯花落葉，心中泛起陣陣感傷，這感傷從何而來？是從這棵花樹而來嗎？不，因為你原先並沒有看過這棵花樹，即使它一直自開自落，你也沒有任何感覺。

人就是太執著，原本不屬於你的東西，為什麼認為非你莫屬？像工作、職位、財物、感情……在你沒有得到之前，日子不也過得好好的，為什麼失去之後，就變得痛苦不堪？

音樂家魯賓斯坦曾因為失去所有而萬念俱灰，後來他自殺不成時，忽地反問自己：「為什麼我要結束生命？」本來人出生時就是一無所有，沒有錢財，沒有朋友，也沒有子女伴侶，什麼都沒有。而再次失去這些，也只是「回到原點」。不是嗎？

那些讓你生氣、受傷、痛苦，讓你落敗的，都不過只是一種叫感覺的東西。

如果你不在乎，誰傷得了你？
如果你不想贏，又怎麼可能輸？
如果你不覺得受到侮辱，誰能侮辱你？
我發現，不管對人或事，越無求的人就擁有越大自主權。當你很在意，就容易患得患失，耿耿於懷；反過來，當你不在意，別人反而在意你。

不再受第二支箭的痛苦

生命中的苦，我們本來就必須承受，
但是因為想法所追加的苦，卻是沒必要的。

人一生中苦是必然的，有人苦在感情、有人苦在事業、有人苦在病痛、有人苦在父母子女……各式各樣，五花八門的苦。之所以受苦，不僅僅起因於不幸災難，世事不盡人意，更由於人錯誤的想法行為而導致。

譬如：一名女生跟男友分手，會難過是自然的，但是她開始每天哭哭啼啼，訴說男友如何負心，自己如何受傷，甚至鬧著要自殺，這傷害即是自己製造的。

再如，一個病人躺在床上：怨自己為何如此不幸？為何命運悲慘？擔心以後該如何是好？這悲苦也是自己創造出來的。

如果我們不停製造苦的原因，苦的結果勢必永遠追隨著我們。

所以，如果你是痛苦的，首先必須自問：苦從何而來？是不是內心的掙扎、矛盾和無法排解的心結？是不是自己想出來的？

我聽說，有一次佛陀問弟子：「一個受過佛法教化的人，和一個未受過教化的人，當他們遭逢痛苦的時候，同樣會有受苦的感覺。那麼，他們到底有什麼差別呢？」弟子們請佛陀開示。

佛陀就告訴弟子說：「一個沒有受過佛法教化的人，往往悲不自勝，甚至徬徨迷惑，不知如何安頓自己，這就如同中了第二支箭一樣感到痛苦不安；相反，有佛法的人，遭逢痛苦的時候，絕不徒然悲嘆，乃至怨天尤人，自亂分寸，因為他已經有智慧，不再受第二支箭的痛苦。」

生命中的苦，我們本來就必須承受，但是因為想法所追加的苦（第二支箭的痛苦），卻是沒必要的。身陷痛苦的人，都應該牢記住佛陀的這一番話。

正如學會開船，不代表航程會一帆風順，暴風雨依舊會來。一個人修行或獲得智慧並不會讓我們無災無難，我們所謂的「痛苦」仍然是會發生的。我們可能丟了工作，身體可能生病，愛人可能變心，一個地震可能會震毀我們的房子；但是智慧能夠幫我們接受事實，幫我們在痛苦發生時，不會雪上加霜地拿石頭壓自己的痛腳，也不會再自尋煩惱，操心這個、埋怨那個，使我們的身心更加混亂，徒增內心的痛苦。

接受人生苦的本質……就像我們喝咖啡，剛開始喝咖啡時，覺得不好喝，於是加奶精、加糖，但是喝了一段時間，又把糖和奶精拿掉，不是咖啡變甜，而是想真實的體會和品味其中的滋味。本來覺得苦不堪言的咖啡，現在變得好喝。

學會甘心領受，就會發現苦過必會回甘。

想想看，當你哀怨不滿時，痛苦可以減輕嗎？

會改善你的處境？會改變結果嗎？

審視你的腦袋，注意在痛苦的當下，你是怎麼告訴自己的。你可以想像說出別的話嗎？什麼話才能創造出不同的內心體驗？

試試看，把痛苦轉化成正面力量。

煩惱就是把不是問題「當作問題」

人不想要有任何煩惱，卻沒有想到，
自己就是所有煩惱的根源。

世間上，人人都有煩惱。兒童有兒童的煩惱，老人有老人的煩惱，男人有男人的煩惱，女人有女人的煩惱；窮人有煩惱，富人一樣有煩惱，甚至修行人也有煩惱。正所謂「家家有本難念的經」。

那麼，煩惱又來自哪裡呢？

煩惱皆因抗拒。當你不接受某件事時，這件事就會變成你的煩惱。

例如，頭髮變少，如果你很介意，就成了煩惱；參加比賽，你患得患失，就會很煩惱。

煩惱皆因有求。當你得不到想要的東西，就會煩惱；得到不想要的東西，也會煩惱；就連得到想要的東西，仍然會煩惱，因為你無法永遠擁有它。

有人常會問，要如何解除煩惱？事實上，人最大的問題，不是煩惱，而是看不清，是「誰」在煩惱？為什麼要煩惱？

有個人覺得外頭有各種聲音，因此心生煩惱。於是在家中做了氣密窗，隔音設備；後來還是覺得不行，搬到鄉下，但鄉下有狗吠和蟲鳴鳥叫的聲音，最後乾脆把耳朵塞起來，但還是聽到自己的心聲。該如何是好？他只要接受此聲音，煩惱立即消失。

煩惱就是把不是問題「當作問題」。當你煩惱時，請看看你正在做什麼，你先製造出問題，然後去尋找解決之道。先看看你為什麼會製造出這個問題。了解你為什麼製造出這個問題，就是解決之道。

有一回，我帶學生到郊區研習外宿，半夜聽到學生房間傳來尖叫聲，特前去探詢，我問他們發生什麼事，他們尷尬說：「老師，這邊陰森森的好恐怖，我們怕會鬧鬼。」

「是嗎？」我笑說：「依目前看來，並不是鬼在鬧你們，而是你們在鬧鬼。」

嬰兒單獨睡覺時，即使房間再大，光線再暗，位置再偏遠，也不需要有人陪伴，因為心中沒有鬼，所以不怕鬼。當你沒有想到鬼的時候，你會害怕嗎？當你沒有想到任何事的時候，你會生起任何煩惱嗎？

煩惱不是要去除，而是要看清它是「不存在的」、「自找的」。

話說，有位農夫來到佛陀座前，向佛陀傾訴生活的種種煩惱並詢問解決之道。

佛陀回答：「很抱歉呀！我無法幫助你解決這些痛苦。」

「佛陀，您是偉大的導師，一生都在教導弟子離苦得樂，解脫煩惱不是嗎？」農夫不解地說。

「事情是這樣的，所有的人類都有八十三種煩惱。這些煩惱來來去去，有時解決了，但很快又會生起其他的煩惱。活著，就會有這八十三種煩惱。」

農夫更加不解：「那您說一大套的道理又有什麼用呢？」

佛陀答道：「我的法雖然無法解決這八十三種煩惱，不過也許能幫助人們解脫第八十四個煩惱。」

農夫急著問道：「那第八十四個煩惱是什麼？」

佛陀答曰：「第八十四個煩惱就是『我根本不想要有任何煩惱』。」

人不想要有任何煩惱，卻沒有想到，自己才是所有煩惱的根源。

人生八十三種煩惱皆因有了第八十四種煩惱——我們想要排除它、想對抗它、擺脫它時，就開始痛苦了。若沒有第八十四種煩惱，前面八十三種煩惱並不會帶給我們痛苦。

人生有起有落、有得有失，有各種無常，天災人禍，有形形色色的人，還有各式各樣的問題……一個已經領悟的人，他知道人生絕不可能盡如人意，因為這就是人生。如果我們總期待生活完美無缺，希望所有問題都消失，那才是最大的問題。

「我」是問題的根源

我們越在意自己，製造的問題就越多。
你沒發現嗎？每次有問題的時候，自己都在場。

人的問題雖千百種，但不論直接或間接的，一切問題都來自「我」。

只要有「我」就會有問題。如果你不在樹林裡，一棵樹倒下了，它就是倒了，你不會在意，因為它並沒有倒在任何人身上。如果你正好路過樹下，被樹壓倒，你就會說：「為什麼是我？」、「為什麼我那麼倒楣？」

但那棵樹是針對你的嗎？當然不是，樹會倒下，它並不針對任何人。就像一個颱風會吹倒樹木、拉倒電線、摧毀房屋；豪雨會給人們帶來水患、土石流，甚至破壞家園、傷害人們，這本來就是大自然的現象。然而站在你的立場，你卻希望颱風就算把別人都毀了，也不要損壞到你，這才是問題所在。

以自我為中心思考，會誇大自己在那些事件中的重要性。走在路上纏到蜘蛛網，我們抱怨倒楣，卻沒想到自己毀了別人辛苦蓋好的家。有人擺張臭臉，我們就會納悶自己做了什麼惹得對方不快，但或許他們只是想到生病的孩子。公路上發生一起車禍，交通堵塞數公里長，有數千人一起在路上動彈不得，我們卻無法克制地只想到自己的不便。

一個自我的人，任何人的一舉一動或每一句話，都會覺得是在針對自己。出門時下雨，怪老天在跟他作對；排個隊，火氣就上來；當開車時咒罵行人，而當自己走路時，則咒罵駕駛人；在餐廳吃飯，如果上菜太慢，就會怪服務生；遇到不喜歡的人，就希望他立刻消失；有人講傷害的話，馬上更強烈地反擊；為了一件微不足道的事，弄得自己心神不寧。

亞歷克斯．康福特在他所著《人性本質》一書中寫道：「人是唯一天生就能成為自己最大敵人的動物，不論是與別人合力，還是自己獨立造成。」

我完全同意。當你與人陷入爭執，或是衝突時，注意一下，你如何展開防衛，或者如何攻擊對方？

觀察你對自己討回顏面的需求，觀察你對自己觀點和意見的執著，感受在「要讓自己是對的，而對方是錯的」這需求背後的心理，那就是自我為中心。

我聽說曾有一位顯赫的政客，一位首相去參見一個禪師。他問師父說：「大師尊前，請為我解釋何謂自我中心？」

禪師突然臉色一青，非常傲慢與不屑地對首相說：「你在問什麼，你這個笨蛋！」

對這出乎意料的答覆，首相異常震驚，他的憤怒開始形諸於色。

禪師隨後笑著說：「首相閣下，這就是自我中心。」

憤怒的產生是因為自我，痛苦也是以自我為中心。觀察你認識的人裡頭，有哪些人老愛生氣，有哪些人是深陷於沮喪和痛苦中，他們談話的焦點總是離不開自己——這人對我不好、那人辜負了我、我不喜歡這個、我厭惡那個……。哪怕有人怠慢「我」都無法忍受，讓「我」面子掛不住就會抓狂。

我們太維護自己，太在乎這個「我」，處處都為「我」著想，悲哀的是，我們對這一點卻絲毫沒有察覺，而且越如此在意自己，製造的問題就越多。我們要學習「放下」令我們困擾的對象——自己。

你沒發現嗎？每次有問題的時候，自己都在場。

在你的生命中，有哪些問題曾一再地困擾著你？情緒、工作、感情、生活、人際關係……。如果你老遇到重複的問題，你就得好好檢討自己了：「我在解決問題嗎？還是我就是那個問題？」

每當遇到問題時，你可以自問：「為什麼我認為這是問題？」

想想看：你有某個問題，你為某件事困擾，但別人並沒有這個困擾，這個「有問題」的人究竟是誰？

Chapter.3

心沒問題，世界就沒問題

人生最大的問題就是：
看不見自己本身的問題。

批判他人即是自我批判

當我放下手上的石頭，心上的石頭也隨之放下。所有的寬恕，其實都是對自己的寬恕。寬恕別人，其實放過最多的是自己。

人為什麼不能善待別人不能善待自己？因為無法善待自己就很難善待別人。無論你遇到什麼人，要牢記這一點。你如何看他，你就會如何看自己；你如何待他，你就會如何待自己。倘若你厭惡自己某些缺失，對別人的缺失也必然厭惡；倘若你責怪、批判自己的思想、言行，那麼你也一定會如此譴責別人。

換句話說，批判他人，是出於一種自我批判。你在某事件中看到罪惡，你自己其實就是罪惡的，因為所謂罪惡，都是我們定出來的。

在《聖經》中有一個廣為人知的故事，有個女人犯了通姦之罪，耶穌對她完全不批判，他了解眾人為何會想懲罰別人，其實就根植於他們沒有意識到自己的罪行，以及對愛的缺乏。於是耶穌告訴大家，「在你們之中，沒有犯過錯的就拿石頭丟她。」耶穌所做的，只是在每一個人面前放「一面鏡子」，讓他們看清自己也是有罪的。他讓大家明白，每個人都犯過錯，沒人有權批判別人。

批判是「一面鏡子」。當你失望、憤怒、怨恨時，在你的內在，一定有某些恐懼與衝突；你憤恨的不是別人，而是內心不滿足，不快樂，自我價值低落或欠缺愛。一個人有自卑感，很容易為別人無心的話刺痛；懷疑自己的人，也會不斷猜忌別人；如果你恨自己的話，你也將恨其他人。就像法國諺語說：「如果你生氣了，你其實是在對自己生氣。」

所以，接納自己很重要。不能接納自己的人會經常批評自己。當抑鬱的母親發現孩子不開心時，她就會開始自責。妻子聽見丈夫說她皮膚變差，便認為丈夫是嫌她變老、變醜了，不喜歡她了；丈夫聽見妻子說物價上漲，他便把她的抱怨當作是對自己的不滿，認為妻子是暗指他賺錢不多，不夠養家。更有許多人不想承受不斷自己批判的痛苦，就會把批評指向別人。把過錯歸咎於別人，這會使結果更糟。伴隨而來的常常是恐懼和攻擊的欲望。

耶穌說過：「原諒他們吧，因為他們不知道自己在做什麼。」原諒可以讓批判消失。原諒別人也就是接受別人，這樣我們才能接納自己。這完全反映在我們人際關係中。

一旦我放棄不斷挑剔自己，我不再那麼常批評別人；當我不再急於改變身邊的人，允許對方做自己，他們的毛病不再那麼干擾我；當我不再為自己製造痛苦，就不會再為他人製造痛苦；當我放下手上的石頭，心上的石頭也放下；當我愛自己，愛也延伸到其他人身上。

作家沙拉．格蘭說得對：「我們對別人的意見，主要取決於他們使我們看清自己什麼，而不是我們如何看他們。」

下一次你要批評別人，先問問自己你為什麼對自己有這種感覺。因為你只會在別人身上看見自己的影子。

不要挑別人毛病，要讚美他們。那麼一個月之內，你會看見自己內心所產生的巨大改變。

接納他人的過程本質上即是一種自我接納的行為。

每一回我們批判或排斥別人時，我們就在潛意識裡建立一個訊息，即我們只有在某種條件下才接受自己。

然而，如果我們專注於自我接納，就會自然而然，開始以平靜與關懷的態度來接納他人。當我們接納自己的不完美和做錯的事，我們也會原諒他人的錯誤和不完美。

所有的寬恕，其實都是對自己的寬恕。寬恕別人，其實放過最多的是自己。

接受這樣的我

當你可以接納自己真實的樣子，愛自己真實的樣子時；別人就會接納你真實的樣子，愛你真實的樣子。

人有優點，就有缺點。任何人都不可能完美無瑕，也不可能一無是處。再能幹的人，也會有力有不足的地方；再勇敢的人，也會有脆弱的一面。這不完美正反映了我們的人性，但是因為我們總害怕自己「不夠好」，別人會不喜歡我們、拒絕我們，於是開始偽裝自己。當我們隱藏了不完美，同時我們也隱藏了自己。

這會出現什麼問題？這會讓我們處在「真實的樣子」與「想成為的樣子」的不斷衝突之中。我們想要成為不同的樣子，想要成為更好的，更有名，更富有，更漂亮，更受歡迎……這正是人們活得很累與不快樂的起源。

曾有一位讀者寫信分享她的心情，她說：「我很內向安靜，所以很羨慕那些幽默風趣活潑外向的人，常常想著假如我的口才也那麼好，或許就能變得很受歡迎，可以交到很多朋友。」她忘記自己其實也有屬於自己的風格與特質。

妳很內向安靜，那又如何？當妳接納妳的樣子，才能開朗自在，交到欣賞妳的人，不是嗎？

我們沒有與自己的本性同處，我們總試圖成為什麼，這是問題所在。成為你真實的樣子，接納你真實的樣子，自在地做你自己，就是問題解決的方法。

有一個女人，被醫生診斷患有焦慮症，她寫信問我，想知道除了吃藥以外，有沒有其他方法可以減輕她的症狀。「我不想被貼上標籤，說我有精神病。」我告訴她：「要先接受，這就是我，我接受我的焦慮。」接納，不表示你必須喜歡每一件事，也不表示你對現況滿意或只能順從地容忍宿命。接納，單純代表著你接納事情當下的真實樣貌，如果我們抗拒就會陷入掙扎無法前進。

每當你排斥與譴責自己，試試看，完全接受自己，並告訴自己：「我接受我無知，我接受自己很膽小，我接受自己不夠好、不夠美麗，我接受我有焦慮症。」你會經歷到內心的極大轉變，有時會感到一股愛的能量，或平和的感覺，這是因為長久以來，你的下意識一直擔負著這些恐懼。如今這些問題不存在，因為你已經接受了自己，你可以舒服自在地做自己。

有一位大公司的執行長以他的才能和決策力廣受景仰，但他卻苦於一個令人尷尬的問題——每一次他進到董事長的辦公室去做週報，他就會尿濕褲子！

善解人意的董事長建議他去看泌尿科醫生，一切費用由公司來付。隔週當他再度出現在董事長的辦公室時，他又尿濕了褲子。

「你沒有去看泌尿科醫生嗎？」董事長問。

「沒有，他剛好不在。不過我卻看了精神科醫生，並且痊癒了。」

執行長回答：「我現在不再感到尷尬了。」

允許自己可以不完美，這就是自愛。勇敢接受真正的自己，就會生出自信。當你能以目前的樣子來愛自己、接納自己，自然就會流露最完美的特質。對自己的缺點能一笑置之，我們就能和別人一起歡笑。

你覺得自己無知，這沒有什麼，你只要接受就變聰明，因為你已經有了自知之明，對嗎？

如果你很膽小，那就接受自己的懦弱，因為只有一個有勇氣的人才能承認自己是懦弱的事實。

如果你有焦慮症，那就接受自己的焦慮。當你不再抗爭，很奇妙地，你就會停止排斥和譴責，焦慮立刻得到改善。

當你可以面對自己，接納自己真實的樣子，愛自己真實的樣子時；很自然的，別人就會看見你真實的樣子，接納你真實的樣子，愛你真實的樣子。

藉由別人才能認識自己

人生最大的問題就是：看不見自己本身的問題。

人們常認為最認識自己，最了解自己的人當然是自己，其實最難認識的恰恰也是我們自己。難的地方並不在於「人很難了解」，而是我們習慣自以為是，又欠缺自知之明；我們可以看見他人，卻看不到自己。

要如何認識自己？有沒有一面鏡子可以讓我們看到自己，不是看到臉，而是看到自己的內心，看見我們的衝突、焦慮、妒嫉、矛盾、自私、恐懼及痛苦？

有的，這面鏡子是關係的鏡子。當一個人進入了關係之中，那個關係就會像鏡子一樣地反映自己。每一段你與別人的關係，都反映了你自己的某個面向，無論是正面或負面，快樂或悲傷，都讓我們看到自己。尤其是發生衝突的時候；當我們認為別人使我們不開心，傷害我們的時候，只要把它當作一面明鏡，就會對自己有很大的發現。

有位先生希望太太可以把櫃子裡不再穿的衣服清理掉，好挪出更多的空間來置放他的雜物，太太不肯，認為他很自私，憑什麼要丟掉她的衣服來堆放自己的東西。

先生忍無可忍，對太太說：「真正自私的人是妳！」

太太感到相當氣憤，堅持自己不是那樣的人，大吵著不准丈夫再汙衊她。

他們都沒看到——其實自己也是自私的。

想想看，當你覺得對方總是自以為是的時候，你看到的是對方死不認錯，當自己這麼想時，正代表你也堅持不肯讓步，你也自以為是，不是嗎？

「關係是一面鏡子」越親密的關係，反照得越清楚。如果你是愛的，鏡子就反映出愛；如果你是恨的，鏡子就反映出恨；當你說：「我真是受不了你！」也許對方也受不了你；當你說他老是這樣，很可能你也老是那樣。伴侶爭鬧不休，原因就在這裡。

我們之所以怕被批評，是因為批評使我們看見自己。我們不喜歡有罪惡感，不想感覺很差勁，不想被赤裸裸地揭穿。

就像白雪公主與小矮人的故事中的皇后一樣，即使自私自利，卻希望鏡子告訴自己想聽到的話，甚至不惜傷害別人。然而，不管我們如何掩飾鏡子，甚至把它打破，也無法改變自己的長相。

剛結婚時，我對太太的話相當敏感，因為我的自尊低落。即使太太並沒有批評我的意思，我卻經常會把她的話解釋成負面意思。我明白了：我認為自己在回應她的話，但事實上，我是在回應自己的思考過程。我感謝我的太太，因為她讓我看見從不了解的自己。

以前我個性很急，對做事效率差的人常感到不耐煩，甚至發火。後來我才發現：「我生這個人的氣，是要我去看見並處理自己的沒耐心。」

我過去只知批判，卻沒有覺察自己的錯誤和缺點，都是讓我們認識自己，對成長有益。自此之後，批判別人的衝動開始煙消火滅。

關係的失敗，多半被歸咎於「不知彼」，其實更多的人是因「不知已」所致。

每當問題發生時，我們總習慣把手指向別人。認為是別人的錯，是別人在找麻煩，是別人惹我們生氣。當我們抱怨、批評、憤怒，只會讓彼此更加厭惡。

現在起，開始「以人為鏡」。當你想指出某人的錯誤，就先反觀自己，是否也有同樣的傾向，然後心懷感恩，慶幸自已有機會察覺這個缺點，如此關係將不斷成長，相處必定更融洽。

你自己怎麼看自己

看見自己價值，就不需要刻意討好人；
對自己有信心，就不必依賴別人的肯定和讚美；
確定自己夠好，就不會懷疑是否值得被愛；
真心喜歡自己，就能自在地接受別人不喜歡你。

如果我將一杯同樣的水裝進兩個玻璃罐，並貼上標籤：一瓶貼一百元，一瓶貼一千元。請問哪一杯水比較好喝？比較能解渴？答案是：兩者都一樣。

為什麼？因為水的本質沒變。標籤上的價格不等於價值。

人們常提到「看見自我價值」，什麼是自我價值？

簡單說，就是你自己怎麼看自己。今天有人對你說「你真美」，你的長相並沒有任何改變；有人對你說「你很優秀」，你的能力還是一樣。可是當你聽了會很開心。為什麼？因為你覺得價值提升了。然而，如果有一天有人對說，你很醜、你很差勁，又會如何？

如果你是從對方看見自己的價值，感覺自己的重要；那麼當你不受重視，得不到讚賞肯定，就會失望、憤怒、受傷，自我價值就會低落，對嗎？

所以自我覺察很重要：要知道別人怎麼說是他人的事，你如何看自己才是重點。

有一個人邀請一位著名的品酒專家到家裡做客，因為他典藏了一些非常有價值的酒，他想要將他的珍藏展示給這個人看，希望能得到專家的讚賞。

首先，他倒給專家一杯他最好的酒，專家嚐了一下，一句話都沒說，就連最起碼的讚美都沒有，他覺得很挫折。於是他再給了一杯非常普通的酒，沒想到專家嚐了之後，連說好酒！好酒！非常好、非常好。

他覺得很疑惑，忍不住地問道：「我感到很不解，我先前給你的是最名貴、最有價值的好酒，而你卻什麼都沒說；但是對這一杯最普通、最廉價的酒，你卻說非常好、非常好！」

品酒專家說：對於第一種酒，不需要有人對它說什麼，那個酒本身的好就為它說出了一切；但是對於第二杯酒，需要有人來肯定它、讚美它，因為它並不怎麼樣！

沒錯，當一個人看見自己價值，便不再擔心人們肯定或否定，也不需要從他人的回應中獲得價值。

想像一下，有個令人厭惡，或是一直看你不順眼的人在對你說三道四，你會如何看待？你不會把他的話照單全收，也不會因為他的評價而懷疑自己，對嗎？

這就是你自己決定要不要根據外界的評價調整自我認知的例子。價值是在自己心裡，不在別人的嘴裡。

美國史丹佛大學曾做過一個關於酒的試驗。研究人員把同樣的紅酒貼上不同的價格標籤，請受試者來喝。但是他們並不知道，其實所有的酒都是從同一瓶倒出。結果，根據這些參加受試者的反應，不僅僅是一致認為標籤更貴的酒的口味更醇更香品質更好，而且從這些受試者的腦部核磁共振掃描顯示出，他們在喝更貴的酒的時候，真的會感到更快樂。

這也是多數人的迷思，不是嗎？

事實上，我們根本不必花更多成本和包裝去提升價值，只要我們相信自己值得被愛，值得更好對待。然後，無論是自己，還是別人，都會另眼相看。

這世界上，有很多人既不英俊、美麗，又不富有，可是卻能展現自信，受到大家的喜愛，祕訣是什麼？

只因為他們認為自己是最棒的。他們認為自己是，於是他（她）就是。

不要管別人怎麼看，關鍵是自己怎麼看自己。你要喜歡自己，才會真的活得快樂，外界怎麼看是虛的；如果你不看重自己，有人看重你，你會覺得不值得、不配。

與其花力氣讓別人喜歡，不如先喜歡自己。這樣你對自己的價值就不是建構在別人身上，也才不會輕易就崩塌。

看見自己的價值，就不需要刻意討好人；對自己有信心，就不必依賴別人的肯定和讚美；確定自己夠好，就不會懷疑是否值得被愛；真心喜歡自己，那麼，你就能自在地接受別人不喜歡你。

任何時候都要做回自己

如果你必須改變自己才被愛，那並不是愛。
沒有一種愛是這樣，愛到連自己都不愛自己。

如果你問我做人最重要的是什麼？我會說就是「做自己」。

道理再簡單不過，因為每個人生來都是在做自己，難道有人天生是為別人而活？

許多人害怕做自己，是怕別人會怎麼想？會不會生氣？別人還會喜歡我們嗎？他們會不會離開？

問題是，我們怎麼會知道別人心裡怎麼想？他們會怎麼做？答案是：我們不知道也無法控制。

送上一個小小的忠告：你可以決定自己想怎麼做，不需要別人的認可。無論我們做出怎樣的努力，都不可能讓每一個人都滿意。無論你有多好，總有一些人不了解你、不喜歡你。以後你就會開始明白，有些人可能會離開，就算你不這樣做，他們仍會離開；而有些人會留下來，也是因為你做自己，而更愛、更尊重你。

喜歡你的人，不需要理由；不喜歡你的人，什麼都可以成為理由。

為什麼很多好女人卻未必幸福美滿？為什麼處處迎合，卻總是讓人不懂珍惜？為什麼感情走到後來，一切的美好全變了調？

因為沒做自己。人們常犯的錯誤是，在開始交往時，極盡所能討好，只為尋求對方肯定。刻意做對方喜歡的事情，自然會得到認同。就以為順利美滿。但到後來，當你想做回自己，問題就會不斷出現。於是你隱忍壓抑，委曲求全。弄到最後「你不像你」，只覺得滿腹自憐、滿腔怨恨。

花若盛開，蝴蝶自來。我常告訴學生，做最真實的自己，才能遇見最合適的人。因為做自己，人家喜歡你、接受你，那才是真的。如果在感情中你總覺得必須改變自己他才會愛你，那並不是愛。真正的愛，會讓你更欣賞真實的自己，而不是使你否定自我。你的人生不需要多一個人來否定你的價值，沒有一種愛是這樣，愛到連自己都不愛自己。

完形治療法的創始人皮爾斯寫過一段話：「我做我的事，你做你的事，我活在這世界上不是為了我的期待。你是你，我是我，如果在偶然間，我們發現了彼此，那很美好，如果沒有，那就算了。」

人生說到底，都是活給自己看的。不管你愛過多少人，不管你愛得多麼痛苦或快樂，最後，你不是學會了怎樣去愛，而是學會怎樣去愛自己。你不是學會了怎樣去做人，而是學會怎樣去做自己。

我們做任何事都應該聽聽內心的感受，問問自己：「這是我的本性嗎？這是不是我想做的？我做這些事會開心嗎？」若你的感覺很對，那就儘管去做。如果某件事用想的感覺不好，實際去做只會感覺很糟。把這當作準則：不管做什麼事，如果能讓自己對自己更滿意、更喜歡自己，就表示做對了，否則就做錯了。

其次，不要依賴對方來符合你的需求，而是先滿足自己的需求。想想，你渴望的是什麼？關愛、支持、讚美，還是度假、生日禮物……你想要的，你可以自己給。這麼一來，對方就不用費心，又可滿足自己，何樂不為？

不去猜想怎麼做才能取悅別人，你就能放手去做自己相信是對的事；不擔心引起任何人的不悅，你就可以大方地，坦蕩蕩地做自己。就算真的有人不喜歡你，那又如何？

人生是自己的，生活也是自己要過的。為什麼不能單純的做自己？

做自己，意謂的就是坦率地順從自己的心，記住以下五點：

一、忠於自己。

不要讓別人喜歡上的不是你真正的自己。

二、別討好人。

將時間專注在自己身上，而不是去討好別人。

三、做對的事。

做你覺得正確的事，而不是你猜想別人喜歡的事。

四、別怕討人厭。

這世界上，沒有任何人能夠被所有人喜歡。

五、別怕被批評。

有自己的特色與風格，你才是獨一無二的。

你不用跟人家比

我們感受不到幸福，是因為我們追求的不是「幸福」，而是「比別人幸福」。

要讓一個人不快樂最快的方法大概是和別人比較，你只要一開始和人比較，許多快樂都會消失無蹤。

例如：一個媽媽高興兒子考試全班第一，直到她聽說鄰居的兒子考全校第一，歡喜立刻減半；一個先生開心自己獲得加薪，後來發現同事加薪更多，心裡很不平衡；一個孩子看見同學有限量版籃球鞋，他父母卻買不起，他變得悶悶不樂。

再如，妳認識一位朋友，而她的護花使者帥氣多金。接著妳再回頭看看自己的丈夫……。算了！你知道我的意思。我們的配偶通常都不是對手，不論在辦公室、雜誌上、甚至在路上。即使你的另一半已經不錯了，但在別處總有更迷人的人出現。如果你老愛比較，你一定經常失望難過，因為永遠會有人比你好。

我記得剛到學校教書時，有位從鄉下到台北讀書的學生，臉上時時掛著笑容，讓我印象深刻。第一次聊天時，他告訴我，他喜歡住校的生活，可以多認識朋友，還有餐廳、福利社很方便，雖然必須四人同住一間，但是，他整個滿足都掛在臉上。

一段時候過去，再見到這位學生時，他不再是那樣笑逐顏開。當我問他生活一切是否安好時，他的回答讓我驚訝。

「我很好，只是宿舍真的太小了，沒有自己的空間，而且設備比較老舊。我其他朋友的學校，住的環境都比我好。加上舍監管東管西的，又有門禁時間很不自由。」這是怎麼回事，他剛來的時候是那麼快樂，現在則表現得對事事不滿。

你知道是什麼改變他嗎？是和別人的比較。當他剛來台北的時候，他拿學校宿舍和鄉下老家比，他覺得很滿意；可是，現在他是拿學校宿舍和朋友比，他就不滿意了。雖然宿舍還是同樣的宿舍，但是比較之心讓他再也感受不到幸福與滿足感。

哈佛大學經濟學教授艾佐・魯特莫（Erzo Luttmer）曾進行一項研

究，結果發現兩組人的收入雖然相同，但是居住在較貧窮的社區的人比較快樂，居住在較富裕的社區，反而不快樂。

為什麼？因為人外有人，天外有天。正所謂「人比人，氣死人」。

有一句格言說得好：「如果你僅僅想獲得幸福，那很容易就會實現。但是，如果你希望比別人幸福，那將永遠都難以實現。」

人真是夠了，什麼人都要跟別人比較，分數要比、收入要比、成就要比、身材與容貌也要被拿來比。人最大的悲哀在於，只會羨慕別人，跟別人比，對自己已擁有的東西毫不在意，也不知道珍惜。我們什麼時候才能不拿自己跟別人比較？

不快樂是比出來的，幸福是珍惜得來的。我們感受不到幸福，是因為我們追求的不是「幸福」，而是「比別人幸福」。

幸福無法比較，也不該拿來比較。烏鴉不必羨慕天鵝的白，麻雀不必比老鷹飛高，只要安於自己的位置，照樣活得快樂又自在。

當你羨慕別人聰明、身材比你好的時候，也許他正羨慕你可愛、比較有人緣。每一個人都是獨一無二，有什麼好比？

你所開出的是小花，別人開出的是大花。並不因為別人花比較大，就比較優越，也不因為你是小花就比較卑微，重點在於你們都開花了。

要如何改善關係？

如果有一個問題一而再、再而三的出現，就是我們本身有問題。花大多數時間在滅火的人，往往也正是釀成火災的人。

每個人都有三大關係：與自己的關係、與他人的關係和與世界的關係。你認為這當中哪一個最重要？如果回答「自己」的話，就答對了。

人一生最重要的關係是與自己的關係，這種關係會反應出你的婚姻關係、你與生活處境的關係，以及你與每個人的關係。關係出問題永遠要檢討自己，在別人身上找問題是搞錯了方向。

事實上，別人是如何，並不重要；重要的是你自己內在。例如：有人批評你，你很生氣，你把憤怒投射在那個批評你的人身上。但是他做了什麼？他不過是刺激你一下，他只是讓你的憤怒浮現——但那個憤怒是你的。

如果你內在沒有憤怒，憤怒就不會出現。如果你批評耶穌，結果出現了愛，那是因為他內心裝滿了愛。當你看見夕陽，你覺得感傷，那是你內心有悲傷，因為並不是每個看到夕陽的人都覺得悲傷，有人或許還覺得美好。換句話說，所有發生在自己身上的那些看似「外來的」負面事物，其實都來自你的內心。

想想看，當你很幸福快樂，你有可能經常憤怒、或是去傷害別人嗎？不，只有不快樂的人會憤怒，傷害別人。在生活中，我們總會發現，抱怨最多的人，往往也是為別人找最多麻煩的人。

所以，每當有人提到人際關係的問題，我會要求他先檢視自己內心。只有心裡有傷口，才會如此敏感、容易受傷；如果你自己內在很紛亂，那麼你的情緒也會不穩定；如果你內在有衝突，那麼你也會不斷在生活或與別人衝突；一個人愛得很糾結，那是因為他本身就是一個糾結的人。如果有一個問題一而再、再而三的出現，就表示自己本身有問題。花大多數時間在滅火的人，往往也正是釀成火災的人。

同樣，當有人問我：「要如何改善關係？」我也會請他先檢視自己內心是否已經改善。

記住，你不需要努力去改善關係，你只需在你自己身上下功夫。例如有人抱怨伴侶變冷淡了，很可能自己常常抱怨而導致另一半疏遠。當你覺得對方不尊重你、對你頤指氣使，很可能自己也經常這樣；往往我們不滿意對方的理由，其原因都出在自己身上。

你可以藉由關係狀態，判斷出你一直在給對方什麼。如果你目前關係很友好，代表你付出了友善；當你充滿熱情，關係就變得熱絡；當你給出愛時，你也會感受到愛；你會了解：施與受是同時發生的；當你真誠對人，你的人際關係不會再緊繃。

不管你想改善什麼關係，只有一個地方需要改善：你自己。

改變對別人的態度。

改變負面又悲觀的想法。

改變老是抱怨、批評的方式。

改變總是憂心忡忡、患得患失的個性。

只要從內心改變自己，如此一來，外在世界也會跟著改變，其他人將無法再維持原樣，每個人都會像骨牌一樣被影響。

當我們一遇到問題時，就想立刻改變外在人事物來解決問題，卻很少反過來看「誰才是真正的問題？」由於許多問題源自我們的習性，內心如何詮釋與反應，因此解決之道也源自內心。

所以，與其為找到對策而煩惱，還不如將問題先擱在一邊，先專心轉化自己的情緒與態度。一旦心態改變了，決定該怎麼說、怎麼做就不再是難事了。

內心沒感受到，外在也看不到

我們看到的不是事物本身，而是我們自己。
當每一次你看事情的時候，它們都顯得不一樣，因為你是不一樣的。

為什麼有些人總是那麼快樂？
因為他們隨處都可以看到歡喜的事。
為什麼我看不到歡喜的事？
因為你內心沒有感受到，外在也看不到。
《華嚴經》：「一切唯心所造。」生命中的任何見聞，都是我們心靈活動的產物。例如：當心情愉悅時，見到的人都是友善親切；當心情煩躁的時候，就會有很多不滿意的事擺在眼前，看什麼都不順心。外在是內在的投射。開心的時候，雨也是晴；難過的時候，晴也是雨。你的內在是什麼樣的心境，外在的世界就呈現什麼樣給你。

想想，某天你走在路上，覺得步調輕盈，景致美麗怡人；另一天卻愁眉不展，步伐沉重。這變化的是世界嗎？還是你的心？

你去過某地很多次，但是每次去的感覺都不一樣，同一個地方不同時間會有不同感受，為什麼？是因為心境不同，對嗎？

有一個老先生跟太太到巴黎去旅遊，他們四處閒逛了一會，老先生說：「巴黎已經變了，我在五十年前年輕的時候來，那才是真正的巴黎。」

他太太笑著對他說：「我的看法跟你不同，我認為巴黎還是一樣，只是你已經不再是你了。你看看那些年輕人，他們正在享受，就跟你年輕的時候一樣，不是嗎？」

「我們看到的不是事物本身，而是我們自己。」當每一次你看事情的時候，它們都顯得不一樣，因為你是不一樣的。

記得有一回，我去美國加州參加年會。友人安排到舊金山半月灣遊玩。綿延數哩的海岸，連綿起伏，變化萬千。午餐我們在北端知名餐廳「山姆家的蛤蜊湯屋」品嚐特色海產。傍晚投宿南端的麗思卡爾頓酒店。位於懸崖山頂，俯瞰北加利福尼亞州的壯闊海岸線，美麗景色盡在眼前。但是當時我心卻無法開懷，因為發表的論文出了些問題。然後，我體悟到：真正的快樂是來自內心，而非由外在的事物所產生。

所以，每當有人跟我提到要去旅遊散心，我都會提醒，要先把心打開，「心若不開，到哪裡都不會開心；心若不安，到哪裡都安不了。」

人心為什麼不安呢？因為多數人從來不知道真正的寧靜是往內求，而不是往外求。我們不需要去安頓外在的人事物，只需要安頓自己。當你的心和諧平靜，整個世界才會和諧平靜。

如果你是不快樂的，一直向外尋找，也是搞錯方向，喜樂是在你自己身上。如果你內心充滿喜樂，你所見到的也將是洋溢著喜樂的世界；如果你擁有一顆歡喜的心，你將會在每一個地方都感受到那個跳動——在迎面吹來的微風裡，在斜陽西照的晚霞裡，你都能感受到歡喜。只因為你心中充滿了喜樂，所以就這麼散發開來。

同一個天空，為何有人認為它是藍色的，有人卻會認為它是灰色的？

打開窗戶看夜空，為何有人看到的是星光璀璨；有的人看到的是黑暗一片？

天空、花草、山岳、大海、日出日落都是我們的老師，因為它們可以反映出我們的心靈。

世界就在你的心中。心沒問題，一切沒問題。心轉變了，整個世界也跟著轉變。

Chapter.4

心的轉變，世界也跟著轉變

幸福就在感受中。
你能夠感受到幸福的地方，
那個地方就有你的幸福。

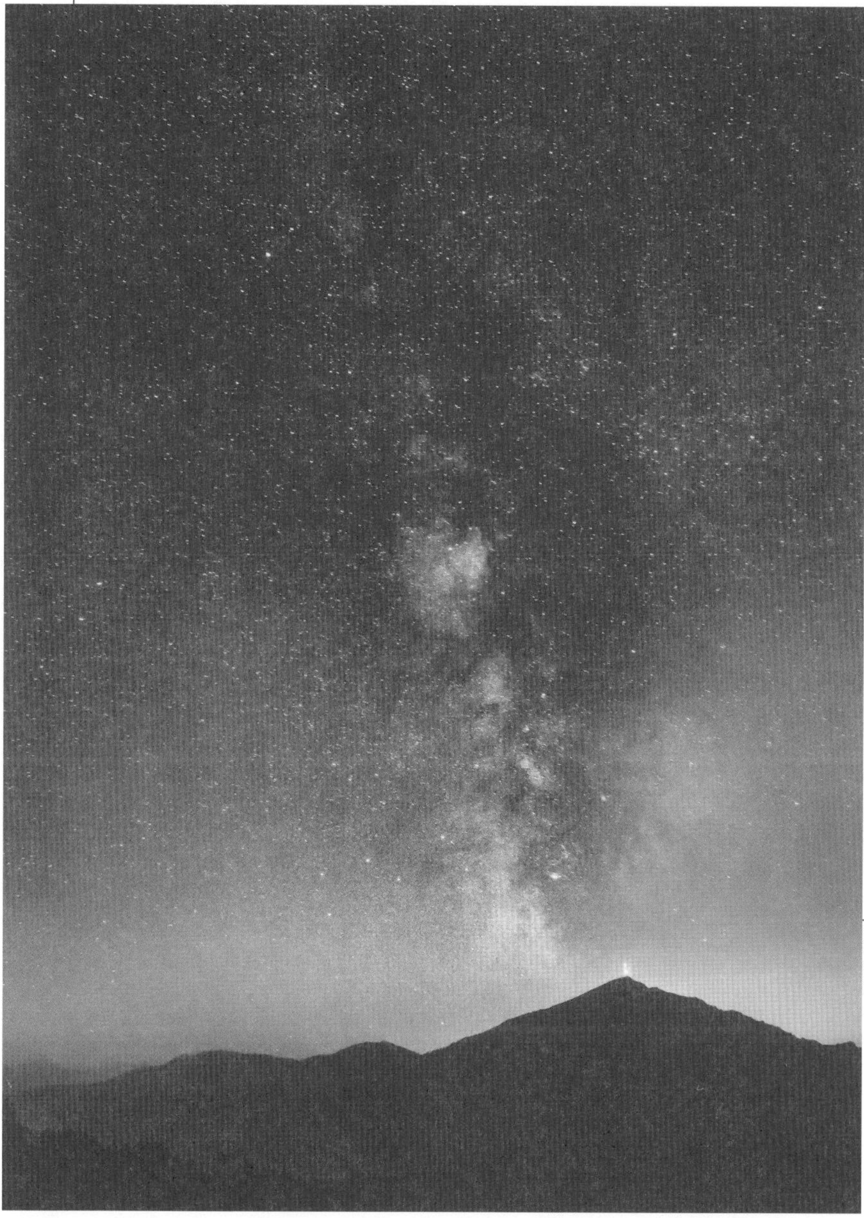

奇蹟是來自認知的轉變

音符可以製造噪音，也能成為天籟；
拔一顆牙可能會痛，卻也是受苦的解除；
讓你最厭惡的人，也是讓你成長最多的老師。

一張圖片上畫著一隻小白兔，坐在一根紅蘿蔔前掉淚。

這樣的圖片，代表什麼意義呢？

一個非洲難民營的小孩說：「小白兔是因為吃不到紅蘿蔔，所以哭了。」

台北的小孩則說：「小白兔天天吃紅蘿蔔，不想再吃；但兔媽媽一定要他吃，所以哭了。」

我們對事物的認知看似緣於不自覺，實際上卻是一種學習的經驗。試想嬰兒是如何看待這世界，他們不知道什麼是什麼，他們心中沒有詮釋，沒有意見，觀念，也沒有判斷。嬰兒單純地體驗每一件事物，直到父母為他們詮釋。例如：「討厭」、「噁心」、「恐怖」、「可憐」、「可恥」、「可惡」、「糟糕」、「壞透」或「沒關係」、「太棒了」。

你去看小孩在玩耍跌倒或受傷的時候，大部分孩子的第一個反應是望著他們的母親，看她們如何反應。倘若她們露出驚慌，或是生氣的表情，孩子就會嚎啕大哭。但如果母親面露微笑，甚至笑出聲，小孩就不會面露痛苦，甚至可能咧嘴微笑著回應。

情緒決定於認知，只要認知改變，你對周遭世界的感受，體驗也會跟著改變。

有一個女孩想要學滑雪，但是上了滑雪板才發現自己有懼高症，從山上滑下來有種脫離重心的恐慌感。這種感覺使她認為滑雪是「恐怖」的。

當她逐漸長大成人，也學著喜歡冒險。她愛上了戶外活動，於是決定再次試著滑雪。這次她覺得從山上呼嘯而下的感覺奇棒無比。因此她就認為滑雪的體驗是「開心」的。

我個人也有親身經驗。自從認知到「運動健身」，我開始把生活和運動結合在一起。比方說，以前將爬樓梯，幫忙家務視為苦差事，現在則是既節能又可強身的好事；跟兒子打球，全身酸痛，也不再是痛苦的經驗，而是突破自我，忍受變成了享受。有了這樣的思維，即使遇到沒停車位的問題也從「車停太遠要多走路」轉換成「車停遠一點可以多運動。」

有句話說的對：「奇蹟是來自認知的轉變。」音符可以製造噪音，也能成為天籟；拔一顆牙可能會痛，卻也是受苦的解除；讓你最厭惡的人，往往也是讓你成長最多的老師。

在佛教大乘經典裡，菩薩被描繪成已經覺醒而且有大能力的人。他們也是非常有慈悲心的人：他們發願將自己的生命奉獻出來。大部分的菩薩像都是慈眉善目宛若天使，唯有一種特別的「逆增菩薩」，雖然心地也很慈悲，相貌卻十分恐怖。他的任務就是創造出艱難、挑戰來引導人們開悟。認識了這種特殊的菩薩類別之後，我們可以把他運用到生活中所面臨的狀況裡——把那些讓你厭憎、憤怒、仇恨、妨礙你的人，翻轉為「逆增菩薩」。

真的，當我把那些打擊、責難看作「逆增上緣」。我發現自己變得比較不會因別人的言行，感到挫折、煩惱或生氣，看待事情也會變得寬容和慈善。

有位醫院的志工說：「常有人問我：『你是吃飽太閒？沒人要做的工作你搶著做還那麼開心？』的確，我是傻傻的做而且很開心，一做就是十幾年，因為我服務的病人都是我的老師，每個人生故事都教導我更謙卑、更感恩、更惜福。」

無論你經歷什麼，記得，你永遠可以選擇一個全新的認知。

如果你仔細觀察就會發現，你人生中曾有過任何「痛苦」的經驗，那要不是你認知的結果，就是你處理事情的結果。

如果你不喜歡這樣的結果，那就改變自己的認知或是做事情的方法，很快地就會發現，「改變心意」或「改變態度」通常發生在「改變認知」之後。

化苦為樂的祕方

再苦的事，只要願意就不苦；
很簡單的事，只要人不願意，就是苦。

說到要去登山露營，總是有人會問：

「登山那麼累，你幹嘛要去？」

「露營不是很麻煩，有什麼好玩的？」

沒錯！登山是很累，日晒雨淋，還要背那麼多東西。露營也的確麻煩，從事前準備裝備，開出三餐的菜單，採買食材，打包行李。到抵達營地要搭帳篷，離開時又要將所有拿出來的再一件件收拾。但為什麼還會有這麼多人樂此不疲？

其實，苦與樂主要取決於心中主觀感受。再苦的事，只要願意就不苦；很簡單的事，只要人不願意，就是苦。以工作的心態為例：如果你老是認為自己吃虧，被分派了很倒楣的任務、待遇不合理，做起事來必定意興闌珊、苦不堪言。反過來說，如果對自己要做的事有一份成就感和使命感，做起事來一定甘之如飴。這點志工朋友們最能體會。

一般來說，不情願者苦，心甘情願者樂。患得患失者苦，隨遇而安者樂。不平不滿者苦，心存感謝者樂。否定自己者苦，肯定自己者樂。爭名奪利者苦，無爭無求者樂。關心自己者苦，關懷別人者樂。苦樂全繫一念。

人們常問：如何提升做事效率與工作樂趣？其實，管理人的行為，不如改變他的心態。有些我們不得不做的工作，不但累人，而且令人厭煩。可是不管我們心裡有多麼討厭，還是得做。滿臉不高興或者使性子做，非但沒省半點力氣，還壞了周圍人的心情，何必呢？我們要是一直保持著抗拒的心理來面對工作，那種厭煩和無聊的感覺就會一直如影隨行。

如何化苦為樂？我們可以改一下搖滾樂歌手史蒂芬．史提爾斯（Stephen Stills）的歌詞：「如果你沒辦法跟你愛的人在一起，寶貝啊，就愛跟你在一起的人吧！」把它修改成這樣：「如果你找不到你愛的工作，寶貝啊，就喜愛現在所做的工作吧！」

當你以正面的態度看事情，所有的事情都會慢慢變對。
當你能對所做的事用心投入，熱忱就會被激發出來。
當你以愉悅的心情做事，你會發現，苦差事也可以變成樂事一樁。

前陣子帶孩子到福壽山露營，天公不作美，連續鋒面過境下雨，氣溫驟降，營地到處泥濘。炊事、洗澡諸多不便，晚上也沒睡好，還被冷醒了幾次。

回來我問孩子：「會不會辛苦？」
孩子說：「會累，但一點都不苦，而且還很有趣。」
是啊！多苦都願意，願意就不苦。這即是離苦得樂的祕方。

人們總是說：要找到興趣，做自己喜歡的工作。

然而，問題是，若沒興趣或不喜歡的事就不去做嗎？

其實，很多事在開始就已經注定了。如果你一開始就抱著這樣的心態——「這很難、好麻煩！」、「這件事情我沒興趣，我只是來打工的，我是被環境所迫」……這種抗拒的心理，即使最高尚的工作也會變得厭惡。

反過來，當你改變心態：從「混時間等下班」變成「主動把事做好」；從「這不是我的事」變成「我來做，成果會更好」；從「公司能給我什麼」變成「我能為公司貢獻什麼」如此，即使最卑微的工作也會充滿熱情。

此人現在正在經歷什麼？

我越明白事情的前因後果，就清楚別人的言行和情緒不是針對我，而是因為他自己。以後當有人對我發火時，就能寬容與釋懷。

你不懂，他怎麼了？為什麼反應會如此激烈？他是吃錯藥？還是衝著我來？火氣為什麼那麼大？

一般人我們只看到外在的言行，看不到對方內在的感受，就很難感同身受。例如當我們因頭痛而變得煩躁易怒，我們很容易了解自己的情緒是因頭痛而起；然而如果別人並不知道，他們無法感覺到我們的體驗，就會覺得不解：「為什麼他會那樣？」

只有心智相當成熟的人，才能理解：「現在他火氣大，是因為他不順心、壓力大，因為遇到苦惱的事……」所以他的言行不是針對我，而是因為他自己。我們都有過這種經驗，情緒不好的時候，即使是一丁點小事也會觸怒我們，不是嗎？

有一座隱密的僧院採用了蘇菲學派的技巧，那是一套很棒的方法。每當一個人進入那個僧院，變成那裡的門徒，他們就給他一個牌子，牌子的其中一面寫著：「我是負向的，請不要把我看得太嚴重。」——如果我說錯了什麼，我並不是真的要這樣對你說。因為我是負向的，我充滿了怨恨、憤怒和抑鬱；如果我做了些什麼，那只是我自己負向的心情，而不是因為你做錯了什麼。

牌子的另外一面寫著：「我是正向的，我是具有愛心的，我是慈愛的，請不要把我看得太嚴重。」如果我對你好，那並不是因為你，那是因為我覺得心情很好。

每當一個人覺得他的心情有所改變，他就可以改變他的牌子。不管他處在什麼樣的心情，他就可以翻出牌子的那一面。透過這樣的作法，人們相處都很融洽，沒有人會把別人情緒反應看得太嚴重，因為那只是他的心情。

「此人現在正在經歷什麼？」我建議學生，不管什麼時候，如果有人對你表示輕蔑、粗魯、敵意，就想一想：「是什麼人或什麼事煩擾了他。」透過這問話，可以讓我們用同理心，設身處地以對方的立場設想。

假設有人對著我們發怒，找我們麻煩，這樣的他會是快樂的？還是不快樂的？顯然他一定是不快樂的，所以他的表現才會這樣。我們都很清楚不快樂的感覺是什麼，而這也就是對方現在感受到的。如果一個人不快樂又需要協助，我們怎能對他生氣呢？他應該是我們報以慈善的對象，不是嗎？

如果我們都能這樣設想，那麼無論對方如何對我們，我們會變得包容和體諒，甚至可能還會興起想幫助他的念頭。

「了解一切，就會寬容一切。」這句法國諺語的應用範圍很廣。

我越了解人性的弱點，就越能體諒別人所犯的錯誤；我越認識社會競爭的本質，就越能心平氣和看待自己的失意。

我越明白事情的前因後果之後，就清楚別人的言行和情緒不是針對我，而是因為他自己。以後當有人對我們發火時，我們就能寬容與釋懷。

「可惡」其實是「渴愛」

人若不是在表達愛，就是在呼求愛。
那些表現得不可愛的人，往往最渴望人愛。

當你覺得自己被打擊或羞辱，你會怎麼樣？你會去報復，你會用很激烈的話語和方式來回應。但你為什麼會這樣？因為你受到了傷害，對嗎？

人的本能都是保護自己。然而也正因如此，很少人想到，那個攻擊我們的人，可能也受到了傷害。我不是在合理化或縱容傷害或破壞的行為，而是想讓你更進一步了解他們。

假設我告訴你，甲射殺了乙，你會認定甲做了一件壞事。如果我後來又告訴你，乙是一個恐怖分子，你大概就會改變你的想法。如果我又告訴你，乙之所以會成為恐怖分子，是因為甲謀殺了他的家人。你的看法將完全不同。

想放下憤怒及報復，你可以這麼想，或詢問對方：「是什麼傷害你那麼深，造成你覺得非得這樣傷害我，才能讓你獲得平復？」

請試著瞭解你所厭惡的那個人，不管是自私、是冷漠、是無情，不管你厭惡的是什麼，請先了解他的成長背景，了解他的恐懼，了解他的遭遇，你的看法可能完全改變。

當遇到虎頭蜂的時候，不要把虎頭蜂當作對手；遇到毒蛇的時候，也不要把毒蛇當作敵人。人害怕被毒蛇和虎頭蜂攻擊，它們同樣害怕被人攻擊。就像你在黑夜中見到有人迎面而來，心中就會警覺，擔心對方是否懷有惡意，對方同樣擔心你是否心懷不軌。

所以，耶穌要我們放下自以為是的判斷：「弟兄若不是在表達愛，就是在呼求愛。」面對外在的攻擊，我們習慣攻擊回去，要不至少也得築起防衛的高牆。然而，耶穌告訴我們，表面上所看到的憤怒、恐懼、焦慮、妒嫉、攻擊，只不過在掩蓋一個事實：他們是在呼求愛。

今天我們把恐怖分子看成無惡不作的壞蛋，好像他們出生就是邪惡的，但事實並非如此，他們也曾是個可愛的小嬰兒，跟我們一樣，他們也曾是個蹣跚學步的孩子，他們並非生來就是恐怖分子。一旦我們以同理心去看就會發現，每個人的感覺都是相同的，而這種理解會變成我們慈善待人的最佳動機。

今天我們把某人視為敵人，但他也必然為某人所愛或被某人期待；他跟我們一樣想得到讚賞、受到肯定、想要快樂；他們內心可能也都潛藏著一顆負傷的、破碎的心靈。之所以表現自私、自大、傲慢、驕矜，無非是想把自己塑造得比別人更優秀、更重要，說到底，其實是心裡自認不夠好，是渴望自己被愛。

那就是為什麼法國靈性導師阿諾．德雅爾丹（Arnaud Desjardins）會說：「世上沒有壞人，只有沒好好被愛的人。」

「可惡」其實是「渴愛」。那些表現得最不可愛的人，往往最渴望人愛。

遇到任何人的時候，無論是親朋好友或是陌生人，問問自己：「我可以怎麼更仁慈一點？」如此我們必然會認清對方需要去傾聽、去關心、去體諒、去愛。

學習不用對錯的觀點看事情，而是帶著慈悲用心來看。你想幸福、想要成功、想要離苦得樂，請將心比心，這樣你就會體會到其實對方跟你一樣，同理心就被啟發。

改變世界，不如先改變自己

我們也許會到全世界去尋找快樂，
但是除非把快樂帶到身上，否則我們是找不到它的。

人們經常說他們想變得不同，想要改變現狀。他們既想改變生活，又想改變身邊的人。但是為什麼最後什麼都沒變？

因為自己沒變，對不對？你說：「我是不幸的人，我渴望幸福快樂。」但是當你用一個不幸之人的想法去行事，如何能感覺幸福快樂？

你只可能讓不幸延續下去。

假如你對先生或太太不滿，你又想婚姻變得美滿，可能嗎？當你帶著不滿去看待伴侶，彼此只會更加不滿。你一直用同樣的方法做事，卻期望得到不同的結果，這怎麼可能？

人們總是為了找到「對的人」而費盡心思，自己要成為「對的人」，才是更重要的。更換伴侶或者離婚不能真正解決問題，因為你內在沒變，你的憤恨、妒嫉和自私並沒有隨之消失，你還是你，問題依舊。

當你對環境不滿，遇到難搞的人和工作，很自然地你會想：「假如沒有這麼一個不講理的同事、討厭的鄰居，或是換個工作，我的生活一定不一樣。」這一點在短期內也許是真的，但是當我們避開他們，因此就不再有讓人氣惱和煩心的事嗎？真的有這樣一個完美的天堂嗎？

不，無論我們在哪裡，我們都會帶著自己，我們都會和自己在一起。一個在圓環東路憤世嫉俗的人，即使搬到圓環西路仍會滿腹牢騷。

曾有一位男子問美國知名老布道家葛培理（Billy Graham）說：「牧師，我快受不了了！這一年我已經換了五間教會，但每間教會都各自有極其差勁的地方。哎！有沒有哪一個教會是零缺點的呢？我想換到那裡去聚會！」

葛培理牧師聽完後，語重心長地說：「世界上沒有一個教會是完美的，如果真的有，那麼它也將因你的加入而出現瑕疵。」

人們總在找尋快樂天堂，那也是人們一直以來所犯的錯誤，他們不去改變自己，卻渴望一個天堂，然而不管他們走到哪裡，他們都會創造地獄，他們就是地獄。問題不在於在某一個地方找到天堂。除非你在自己內心裡面有它，否則你將無法在任何地方找到。

很久以前，人們沒有鞋子穿，所以走在路上都得忍受碎石扎腳的痛苦。有位國王也深受其苦，於是下令全國各地的道路都鋪上牛皮，好讓他不論走到哪裡都舒服順暢。

但是即使殺光國內所有的牛，也湊不到足夠的皮革鋪路，這該怎麼辦呢？

一位智者建議國王：「何必那麼大費周章，你只需用牛皮把自己的腳包起來，不就好了嗎？」

國王覺得很有道理，就照著他的話去做，果然不管走到哪裡都舒舒服服的。

「與其改變世界，不如先改變自己。」這即是我想傳達的。引用美國思想家愛默生的話：「我們也許會到全世界去尋找快樂，但是除非我們把快樂帶到身上，否則我們是找不到它的。」

你有沒有曾經覺得自己就像處在地獄般煎熬的經歷？

天堂和地獄並不是兩個不同的地方，而是兩種不同的心境。天堂就在我們內在，地獄也在我們內心。那就是為什麼在同一個地方，有人活在天堂，有人卻活在地獄。

耶穌說：「天國就在你心中，而那也是地獄的所在地。」我們要做的不是找到天堂，而是把所在的地方變成一個天堂。

你永遠有選擇的自由

「自由」，不是你想抽菸的時候就可以抽，而是不想抽菸時就可以不抽。自由，不是想要什麼就得到什麼，而是沒得到也無所謂。

「人生而自由！」哲學家沙特如是說。

那什麼是自由呢？是隨心所欲嗎？是去做任何想做的事情嗎？這樣的自由最後只會變成率性而為的衝動，讓情緒如野馬脫韁而出。我們對人發飆，自由地通宵達旦、縱情聲色、酗酒吸毒，但這時候的我們一點也不是自己的主人。嚴格講，只是欲望與衝動的奴隸罷了。一個不能掌控自己的人，就不是自由的人。

例如你可以飲酒，但有能力適量地飲，酒精便不能控制你，於是你在飲酒上有了自由。又例如你想表達自己的感受，但有能力自制不亂發脾氣，那麼情緒便不能影響你，於是你在情緒有了自由。

「自由」，不是你想抽菸的時候就可以抽，而是不想抽菸時就可以不抽。

有些人買東西一定要名牌，包包要拎 LV、GUCCI，嫁老公一定要嫁豪門，結婚鑽戒一定要幾克拉，但仔細想想，其實不論是否出於自願，他們並沒選擇的自由。「自由」，不是想要什麼就得到什麼，而是沒得到也無所謂。

還有些人很在乎別人的看法，想討好人；但是當人們認同我們，喜歡我們時，往往拿走我們的自由，因為我們必須處處迎合，委曲求全。當我們不期待或不在乎時，反而自由了，不是嗎？

人有「自由意志」，每個人都是自己思想、一切行為的主宰，只是有些人，已經忘了他們有選擇的自由，他們作繭自縛，他們陷在關係裡無法自拔，有些人則覺得被環境或生命捆綁。

有個學生因失戀而失志，經常缺課，我告訴他：「如果你想繼續這樣下去，誰也無法阻止。不過，你還有其他無數種選擇：你可以選擇哭臉，也可以選擇笑臉；你可以選擇原諒，也可以選擇報復；你可以繼續自怨自艾，也可以選擇振作起來；你可以選擇就此沉淪，也可以選擇因此提升。」

自由和外在的境遇無關，即使被關在監牢，生了重病，我們心仍是自由的。有任何人能阻止我們快樂嗎？沒有。我們可以自由選擇自己的想法，然後活在我們想法所產生的世界。

那些癌末的病患可能會爭辯，認為他們來日不多，除了死亡根本別無選擇。但事實上，他們認為自己別無選擇，這想法正是造成自己別無選擇。

我認識一個病人，醫生告訴她只剩一年可活，所以她下定決心，只要還有一口氣就要盡量去活。儘管親友既震驚又反對，她仍然到世界各地旅遊、玩樂。或許是死神一直找不到她吧，現在她已多活了好幾年。

她的哲學是：「你可以忙著活著，或是忙著死掉。」

另有一個癌末病人，他想用自己最後的時間去圓他尚未實現的多個夢想，結果他居然一個一個地把那些夢想全實現了。

一旦你明白你永遠有選擇的自由，那麼你就成了自己的主人。當然，如果你選擇深陷痛苦哀怨，不要怪人，那是你的問題！你要為自己負責。

你是否每天都做出一模一樣的選擇，日復一日，每天都做著一樣的事，用一樣的方法、一樣的態度做出一樣的反應？

下回，當你面對問題，或是要選擇某個行動時，以下三個問題有助於你。問問自己：

這個選擇會讓我引以為傲嗎？它提升我的尊嚴，維護我的正直嗎？它會讓我和身旁的人平安喜樂嗎？

如果你對這三個問題的回答都是肯定的，那麼無論你決定什麼，你都知道自己做的是正確的選擇。